チンチャ！チョアヘヨ!!

韓国語2

진짜!
좋아해요!!

朝日出版社

音声ダウンロード

音声再生アプリ「リスニング・トレーナー」（無料）

朝日出版社開発のアプリ、「リスニング・トレーナー（リストレ）」を使えば、教科書の音声をスマホ、タブレットに簡単にダウンロードできます。どうぞご活用ください。

まずは「リストレ」アプリをダウンロード

≫ App Storeはこちら

≫ Google Playはこちら

アプリ【リスニング・トレーナー】の使い方

① アプリを開き、「コンテンツを追加」をタップ

② QRコードをカメラで読み込む

③ QRコードが読み取れない場合は、画面上部に 55714 を入力し「Done」をタップします

『チンチャ！ チョアヘヨ!!韓国語2』HP URL

https://text.asahipress.com/text-web/korean/tyoaheyocyukyu-kaitei/index.html

まえがき

本書は、『チンチャ！チョアヘヨ‼韓国語1』に続く教材で、大学などで1年ほど韓国語を学習している人がより幅広い総合的な学習ができるように作成されました。前著同様、シンプルで分かりやすい説明を心がけており、読む・書く・聞く・話す、の4技能を身に付けることを目指しています。なお、本書は『チョアヘヨ！韓国語 中級』の改訂版です。

本書は、全18課、全4回の「読解＆作文」の構成になっており、次のように配慮しました。

① 最初に、『チンチャ！チョアヘヨ‼韓国語1』で学習した文法をまとめています。また、第1、2課ではハムニダ体とヘヨ体の復習ができるようにしています。
② 各課は、90分授業2回で終わるように構成されています。
(1回目：本文、文法と表現。2回目：応用練習)
③ 文法と表現は、簡単な説明の後、基礎的な練習ができるように問題を設けています。応用練習は、各課の文法と表現を用いた作文練習（A)、読解練習（B)、会話練習（C）の構成になっています。
④ 読解練習（B）は、本文ではほぼハムニダ体、質問ではヘヨ体にすることで、自然とハムニダ体とヘヨ体の練習ができるようにしています。また、単語は、全て巻末の単語集に載せています。
⑤ 全4回の「読解＆作文」コーナーを設け、長文を読む練習やテーマに沿った作文ができるように構成されています。
⑥ 随所に、身近な単語をテーマ別にまとめて、紹介しています。
⑦ アクティブ・ラーニングができるように、YouTubeに各課の自習用動画と、単語学習用のQuizletのコンテンツも用意しています。

楽しくコツコツと学びを継続していけば、韓国語をもっと話せる達成感や喜びを覚えるでしょう。本書で学習したことばや表現を使って韓国人と話してみたり、韓国に行って、ことばと文化を体験してみることもお勧めします。きっと、世界が広がるはずです！

最後に、本書の出版をご快諾くださった朝日出版社、出版の計画の時から改訂版作業までたくさんのご助言とお世話をいただいた小髙理子氏、山田敏之氏に深く感謝申し上げます。また、様々なご指摘・ご助言をお寄せくださった明星大学の秀村研二先生、林雄介先生、非常勤講師の皆様に心より謝意を表します。

2023年9月　著者　金庚芬・丁仁京

主な登場人物の紹介

스즈키 겐타
(鈴木ケンタ)

日本人の大学生。
韓国語を外国語として学んでいる。
素直で優しい。

김 수진
(キム・スジン)

韓国人留学生。
日本の文化に興味があり、日本の大学で勉強している。
気さくで明るい。

目　　次

装丁－メディアアート
イラスト－金丸アヤコ・丁慧旻・メディアアート
本文デザイン－メディアアート

復 習

1 用言の活用

韓国語の用言は、日本語と同様に活用するが、活用の仕方は3種類しかなく、しかも一部の例外を除いて規則的に作ることができる。

■ 用言

用言とは、動詞や形容詞のように、規則に則って形を変えるものである。韓国語の用言には、動詞、形容詞、存在詞、指定詞の4つの品詞がある。

動詞　：가다（行く）、먹다（食べる）…
形容詞：많다（多い）、좋다（良い）…
存在詞：있다（ある、いる）、없다（ない、いない）
指定詞：－이다（～だ、～である）、아니다（～ではない）

用言の基本形は、すべて「다」で終わっている。基本形から「다」をとった部分を「語幹」といい、「다」のように語幹の後ろに付いている部分を「語尾」という。語幹は意味を表し、語尾は文法的な機能を担う。また、語幹には母音語幹、子音語幹、ㄹ語幹がある。

■ 活用

活用とは、語幹に語尾が結合することである。語幹と語尾の結合の仕方は、次の3通りがある。

① 語幹に直接語尾が付く。
　語尾の例：－고、－지만

② 子音語幹に付くとき、「으」が加わる（母音語幹には直接付く）。
　語尾の例：－(으)면、－(으)시다

③ 語幹末の母音が「ㅏ, ㅗ, ㅑ」（陽母音）のときは「아」が付き、それ以外の母音（陰母音）には「어」が付く。
　語尾の例：－아/어서、－아/어요

〈日本語の「〜です・ます体」に相当する丁寧な言い方：합니다体、해요体〉

2 합니다体

語幹の種類	平叙形	疑問形
母音語幹・ㄹ語幹	−ㅂ니다.	−ㅂ니까?
子音語幹	−습니다.	−습니까?

가다（行く）　　가 ＋ ㅂ니다 → 갑니다.
먹다（食べる）　먹 ＋ 습니다 → 먹습니다.
알다（知る）　　아 ＋ ㅂ니다 → 압니다.（ㅅ,ㅂ,ㄴ,（終声の）ㄹの前でㄹ脱落）

3 해요体

1．子音語幹用言

語幹末の母音	基本形	語幹	語尾	해요体：平叙形	해요体：疑問形
ㅏ, ㅗ, ㅑ	받다（受取る）	받	−아요	받아요.	받아요?
	좋다（良い）	좋		좋아요.	좋아요?
	얕다（浅い）	얕		얕아요.	얕아요?
ㅏ, ㅗ, ㅑ以外	먹다（食べる）	먹	−어요	먹어요.	먹어요?
	웃다（笑う）	웃		웃어요.	웃어요?

2．母音語幹用言

母音語幹の用言を해요体にする際、語尾の「−아/어」が省略される場合と、語幹末の母音と語尾の「−아/어」が縮約される場合とがある。

①「아/어」が省略される場合：

語幹末の母音	基本形	語幹	語尾	해요体：平叙形	해요体：疑問形
ㅏ	가다（行く）	가	−아요	가요.	가요?
ㅓ	서다（立つ）	서	−어요	서요.	서요?
ㅕ	켜다（つける）	켜		켜요.	켜요?
ㅐ	내다（出す）	내		내요.	내요?
ㅔ	세다（数える）	세		세요.	세요?

②母音と「－아/어」が省略される場合：

語幹末の母音	基本形	語幹	語尾	해요体：平叙形	해요体：疑問形
ㅗ	오다（来る）	오	－아요	와요.	와요?
ㅜ	배우다（習う）	배우	－어요	배워요.	배워요?
ㅗ	보다（見る）	보	－아요	봐요.	봐요?
ㅜ	주다（あげる）	주	－어요	줘요.	줘요?
ㅣ	마시다（飲む）	마시		마셔요.	마셔요?
ㅚ	되다（なる）	되		돼요.	돼요?

하다が付く用言には、「－여요」が付いて「하여요」になるが、通常「해요」の形で用いられる。

基本形	語幹	語尾	해요体：平叙形	해요体：疑問形
하다（する）	하	－여요	해요.	해요?
공부하다（勉強する）	공부하	－여요	공부해요.	공부해요?

4 否定形

1. 動詞、形容詞、存在詞：－지 않다

2. 動詞、形容詞：안 + 用言

3. 存在詞：있다の否定形は、없다である。

4. 指定詞：－이다の否定形は、아니다である。

5 指定詞

基本形	합니다体		해요体	
	平叙形	疑問形	平叙形	疑問形
－이다（～だ、である）	－입니다.	－입니까?	－예요/이에요.	－예요/이에요?
(－가/이) 아니다(～でない)	아닙니다.	아닙니까?	아니에요.	아니에요?

6 尊敬形

語幹の種類	基本形	語幹	尊敬の語尾 -(으)시다	尊敬形
母音語幹	오다（来る）	오	**－시다**	오시다（来られる）
子音語幹	받다（受取る）	받	**－으시다**	받으시다（お受取りになる）
ㄹ語幹	알다（知る）	아（ㄹ脱落）	**－시다**	아시다（ご存じだ）

尊敬形の합니다体と해요体

	平叙形	疑問形
합니다体	-(으)십니다.	-(으)십니까?
해요体	-(으)세요.	-(으)세요?

7 過去形

語幹末の母音	基本形	語幹	過去の語尾	過去形
ㅏ, ㅗ, ㅑ	좋다（良い）	좋	**－았다**	좋았다（良かった）
	가다（行く）	가		갔다（行った）
ㅏ, ㅗ, ㅑ 以外	먹다（食べる）	먹	**－었다**	먹었다（食べた）
	배우다（習う）	배우		배웠다（習った）
하다用言	하다（する）	하	**－였다**	하였다/했다（した）

尊敬形の합니다体と해요体

	平叙形	疑問形
합니다体	－았/었습니다.	－았/었습니까?
해요体	－았/었어요.	－았/었어요?

指定詞の過去形

	～でした		～ではありませんでした	
	합니다体	**해요体**	**합니다体**	**해요体**
母音で終わる体言	－였습니다.	－였어요.	－가 아니었습니다.	－가 아니었어요.
子音で終わる体言	－이었습니다.	－이었어요.	－이 아니었습니다.	－이 아니었어요.

제 일 과 (1)

한국 친구한테 갔다 왔어요.

▼解説動画

2

수진： 겐타 씨 오래간만입니다.

겐타： 안녕하세요? 잘 지냈어요?

수진： 네, 덕분에 잘 지냈어요.

겐타： 봄 방학 때 뭐 했습니까?

수진： 저요? 저는 한국 친구한테 갔다 왔어요.

겐타： 정말이요? 저도 한국에 꼭 가고 싶어요.

3

오래간만이다	久しぶりだ	지내다	過ごす、暮らす。잘 지내다：元気に過ごす、元気だ
덕분에	おかげ様で	봄 방학	春休み
때	とき	저요?	私ですか（聞き返し）
−한테	（人や動物）〜に、〜のところに	갔다 오다	行ってくる
정말이요?	本当ですか（あいづち）	꼭	ぜひ、必ず、きっと

文法

1 〈復習〉 現在形の합니다体と해요体

現在形の합니다体の作り方は、母音・ㄹ語幹の用言は「－ㅂ니다/－ㅂ니까」、子音語幹の用言は「－습니다/습니까」が付く。また、해요体は、語幹末の母音が「ㅏ, ㅗ, ㅑ」のときは「－아요」、それ以外の母音には「－어요」が付く。また、하다用言は「－여요」が付く。

1-1 보기（例）にならって、現在形の합니다体と해요体で書いてみましょう。

보기 매일 학교에 가다 → 매일 학교에 갑니다.／가요.

1）사촌이 일요일에 집에 오다 →

2）그 드라마가 아주 재미있다 →

3）선생님은 역사를 가르치다 →

4）오빠는 요코하마에 살다 →

2 〈復習〉 過去形の합니다体と해요体

過去形は「－았다/었다」で表し、語幹末の母音が「ㅏ, ㅗ, ㅑ」のときは、語幹に「－았다」、それ以外の母音には「－었다」が付く。また、하다用言は「－였다」が付く。過去形の합니다体は「－았/었습니다」、해요体は「－았/었어요」である。

2-1 보기（例）にならって、過去形の합니다体と해요体で書いてみましょう。

보기 한국 사람이 많이 있다
→ 한국 사람이 많이 있었습니다.／있었어요.

1）교실에 학생이 없다 →

2）영어 단어를 외우다 →

3）이 노래가 좋다 →

4）아침에 공원에서 운동하다 →

3 －한테、－에게、－께　(人や動物) に、～のところに

(人や動物) ＋ に		
話しことば	書きことば	尊敬形
－한테	－에게	－께

남동생한테 잡지를 줬어요? (弟に雑誌をあげましたか。)
친구에게 전화를 걸었습니다. (友だちに電話をかけました。)
선생님께 편지를 보냈습니다. (先生に手紙を送りました。)

「－한테, －에게, －께」が、存在や移動を表す用言と使われると、「～のところに」という意味になる。なお、「(場所、もの、時間) ＋に」は、「－에」である。

한국 친구한테 갔다 왔어요. (韓国の友だちのところに行ってきました。)
오후 세 시에 학교에 갑니다. (午後3時に学校に行きます。)

3-1　日本語を参考に、適当な助詞を入れ、読んでみましょう。

1) 동생 (　　　　) 전화를 했어요.　　　弟に電話をしました。
2) 그 잡지는 언니 (　　　　) 있어요.　　　その雑誌は姉 (のところ) にあります。
3) 몇 시 (　　　　) 학교 (　　　　) 가요?　　　何時に学校に行きますか。
4) 어제 오후 (　　　　) 아버지 (　　　　) 메일을 보냈어요.
昨日の午後 (に)、父に〔←尊敬形〕メールを送りました。

4 －요?/－이요?　～(のこと)ですか

「－요?/－이요?」は、「～(のこと)ですか」の意味で、名詞や助詞の後に付いて丁寧さを表す。主に、あいづちや聞き返しのときに用いる。

母音で終わる単語、語尾や助詞	－요?
子音で終わる単語	－이요?

가 : 내일은 제 생일이에요. (明日は私の誕生日です。)
나 : 정말이요? 축하합니다. (本当ですか。おめでとうございます。)

4-1　보기 (例) にならって「－요?/－이요?」を入れ、読んでみましょう。

보기　저 → 저요?　　　일본 → 일본이요?

1) 한국어 →　　　　2) 수업 →
3) 친구도 →　　　　4) 선생님 →

응용연습 (応用練習)

A 次の文を韓国語で書いて、読んでみましょう。

1）ハングルでメールを書きたいです。

2）妹さんは何をしますか。

3）春休みには元気に過ごしましたか。

4）母親と釜山に行ってきました。

5）友だちにプレゼントを送りたかったです。

B 次の文を読んで、質問に答えてみましょう。 4

4월부터 신학기가 시작됐습니다. 저도 2학년이 됐습니다. 방학 동안 편의점 아르바이트도 하고 친구와 한국 여행도 갔다 왔습니다. 음식도 맛있고 참 재미있었습니다. 이번 학기도 한국어를 열심히 공부해서 여름 방학 때 또 한국에 가고 싶습니다.

1）신학기는 언제부터 시작됐어요?

2）방학 동안 뭐 했어요?

3）한국에는 언제 또 가고 싶어요?

C 春休みに何をして過ごしたか、隣の人と話してみましょう。

・방학 동안 어디에 갔어요?

・거기서 뭐 했어요?

・아르바이트는 했어요? 무슨 아르바이트였어요?

・

제 1 과

제 이 과 (2) 자전거 타러 갈까요?

▼解説動画

5

겐타： 이번 주말에 뭐 하세요?

수진： 글쎄요. 아직 모르겠어요.

겐타： 그럼 같이 자전거 타러 갈까요?

수진： 와~ 좋아요. 언제 만날까요?

겐타： 토요일 10시쯤 어때요?

수진： 네, 그럼 역 앞에서 만납시다.

6

이번 주말	今週末	글쎄요	そうですね（言い淀み）
아직	まだ	모르겠다	分からない
자전거	自転車	타다	乗る。～に乗る：−를/을 타다
−(으)ㄹ까요?	～ましょうか、でしょうか	앞	前
−(으)ㅂ시다	～ましょう		

文法

1 〈復習〉 尊敬形の합니다体と해요体

尊敬形は「−(으)시다」で表し、母音語幹には「−시다」、子音語幹には「−으시다」が付く。また、ㄹ語幹の用言は、語幹末の「ㄹ」が落ちてから、「−시다」が付く。尊敬形の합니다体は「−(으)십니다」、해요体は「−(으)세요」である。

1-1 보기（例）にならって文を作り、隣の人と話してみましょう。

보기 토요일, 영화를 보다
→ 가：토요일에 뭐 하세요? 나：토요일에는 영화를 보러 가요.

1）이번 주말, 비빔밥을 먹다

가： 나：

2）다음 달, 친구를 만나다

가： 나：

3）8월, 제주도에 놀다

가： 나：

4）겨울 방학, 스키를 타다

가： 나：

2 −(으)ㄹ까요? 〜ましょうか、〜でしょうか

「−(으)ㄹ까요?」は、「〜ましょうか」の意味で、相手に何かを勧めたり、誘う時に用いる。また、「〜でしょうか」という意味の、話し手の思っていることについて聞き手の判断を聞く表現である。母音語幹には「−ㄹ까요?」子音語幹には「−을까요?」が付く。また、ㄹ語幹の用言は、語幹末の「ㄹ」が落ちてから、「−ㄹ까요?」が付く。

타다（乗る）	타	+	ㄹ까요?	→	탈까요?
읽다（食べる）	읽	+	을까요?	→	읽을까요?
알다（知る）	아（ㄹ脱落）	+	ㄹ까요?	→	알까요?

공원에서 자전거를 탈까요?（公園で自転車に乗りましょうか。）
교과서를 읽을까요?（教科書を読みましょうか。）
어머니는 이 사실을 알까요?（お母さんはこの事実を知っているでしょうか。）

2-1 보기（例）にならって、「−(으)러 갈까요?」の文を作ってみましょう。

보기	영화를 보다	→	영화를 보러 갈까요?

1）선생님을 만나다 →

2）전철을 타다 →

3）카레를 먹다 →

4）동생하고 놀다 →

3 −(으)ㅂ시다 〜ましょう 〈합니다体〉

「−(으)ㅂ시다」は、「〜ましょう」の意味で、합니다体の提案の表現である。母音語幹には「−ㅂ시다」、子音語幹には「−읍시다」が付く。また、ㄹ語幹の用言は、語幹末の「ㄹ」が落ちてから、「−ㅂ시다」が付く。

만나다（会う）	만나	+	ㅂ시다	→	만납시다
먹다（食べる）	먹	+	읍시다	→	먹읍시다
놀다（遊ぶ）	노（ㄹ脱落）	+	ㅂ시다	→	놉시다

역 앞에서 만납시다.（駅前で会いましょう。）
오늘 저녁에는 삼겹살을 먹읍시다.（今日の夕食にはサムギョプサルを食べましょう。）
토요일 오후에 놉시다.（土曜日の午後、遊びましょう。）

3-1 보기（例）にならって文を作り、隣の人と話してみましょう。

보기 내일 만나다
→ 가：내일 만날까요?　　나：네, 만납시다.

1）친구한테 전화하다
가：　　나：

2）여기에 앉다
가：　　나：

3）한복을 입다
가：　　나：

4）오코노미야키를 만들다
가：　　나：

응용연습 (応用練習)

A 次の文を韓国語で書いて、読んでみましょう。

1）今週末は何をなさいますか。

2）明日はアルバイトの予定がありません。

3）おじいさんは毎日自転車にお乗りになります。

4）日曜日に映画を見に行きましょうか。

5）午後3時に学校の前で会いましょう。

B 次の文を読んで、質問に答えてみましょう。 7

토요일에는 고등학교 때 친구를 만나러 하라주쿠에 갔습니다. 오래간만에 같이 쇼핑도 하고 차도 마셨습니다. 하라주쿠에는 젊은 사람들이 많았고 외국인도 아주 많았습니다. 날씨도 화창하고 친구도 만나서 참 좋았습니다.

1）친구랑 언제 어디서 만났어요?

2）친구하고 뭐 했어요?

3）날씨는 어땠어요?

C 次の質問に韓国語で答えてみましょう。

1）지난 토요일, 일요일에 뭐 했어요?

① 지난 토요일에는

② 지난 일요일에는

2）이번 주말에는 뭐 하세요?

① 이번 토요일에는

② 이번 일요일에는

제 삼 과 (3)

어제 어디 가셨어요?

▼解説動画

8

수진 : 선생님, 어제 어디 가셨어요?

선생님 : 어제는 학생들이랑 식사했어요.

수진 : 뭐 드셨어요?

선생님 : 스파게티도 먹고 콜라도 마셨어요.
근데 양이 적어서 많이는 먹지 못했어요.

수진 : 가게 분위기는 좋았어요?

선생님 : 네, 아주 마음에 들었어요.

9

어제	昨日	-(으)셨다	～なさった。尊敬の過去形
식사하다	食事する	드시다	召し上がる
스파게티	スパゲッティ	콜라	コーラ
양	量	적다	少ない
-지 못하다	～ことができない	가게	店
분위기	雰囲気	마음	心。마음에 들다：気に入る

文法

1 −(으)셨습니다/셨어요 〈尊敬過去形の합니다体と해요体〉

尊敬過去形は、「−(으)셨다」で表し、母音語幹には「−셨다」、子音語幹には「−으셨다」が付く。また、ㄹ語幹の用言は、語幹末の「ㄹ」が落ちてから、「−셨다」が付く。

語幹の種類	基本形	語幹	尊敬の語尾 −(으)셨다	尊敬形
母音語幹	하다（する）	하	**−셨다**	하셨다（なさった）
子音語幹	받다（受取る）	받	**−으셨다**	받으셨다（お受取りになった）
ㄹ語幹	알다（知る）	아（ㄹ脱落）	**−셨다**	아셨다（ご存じだった）

尊敬過去の합니다体は「−(으)셨습니다」、해요体は「−(으)셨어요」となる。日本語では、「お～になりました、～られました」などの意味である。

基本形	語幹	過去形합니다体： −(으)셨습니다.	過去形の해요体： −(으)셨어요.
하다（する）	하	하셨습니다.	하셨어요.
받다（受取る）	받	받으셨습니다.	받으셨어요.
알다（知る）	아（ㄹ脱落）	아셨습니다.	아셨어요.

아버지는 아침에 산책하셨습니다.（お父さんは朝、散歩なさいました。）
그 메일을 받으셨어요?（そのメールをお受け取りになりましたか。）
제 이름을 어떻게 아셨어요?（私の名前がどうしてお分かりになりましたか。）

1-1 尊敬過去形の합니다体と해요体に変えてみましょう。

基本形	−(으)셨습니다.	−(으)셨어요.
좋다（良い）		
읽다（読む）		
배우다（習う）		
다니다（通う）		
만들다（作る）		
공부하다（勉強する）		

1-2 보기（例）にならって文を作り、隣の人と話してみましょう。

보기 후배를 만나다
→ 가：후배를 만나셨어요?　　나：네, 후배를 만났어요.

1）티브이를 보다

가：　　　　나：

2）선물을 받다

가：　　　　나：

3）그 책을 읽다

가：　　　　나：

4）서울에 살다

가：　　　　나：

2 -지 못하다　～ことができない（後置不可能）

「-지 못하다」は、「～ことができない」という意味で、不可能を表す。語幹に直接「-지 못하다」が付く。「-지 못하다」のほかに、動詞の前に「못」をつける不可能の表現もある（『チンチャ! チョアヘヨ‼ 韓国語1』第11課）。

먹다（食べる）	먹	+	지 못하다	→	먹지 못하다
보다（見る）	보	+	지 못하다	→	보지 못하다

저는 당근을 먹지 못합니다.（私はニンジンが食べられません。）
어제 그 드라마는 보지 못했어요.（昨日あのドラマは見られませんでした。）

2-1 보기（例）にならって、不可能形に直してみましょう。

보기 내일은 오다　→　내일은 오지 못해요.

1）커피를 마시다　→

2）김치를 먹다　→

3）한글을 쓰다　→

4）여기서 팔다　→

응용연습 （応用練習）

A 次の文を韓国語で書いて、読んでみましょう。

1） 先生は先週の土曜日に出張に行かれました。（出張に行く：출장을 가다）

2） 社長は何を召し上がりましたか。

3） 値段が高くて買えませんでした。

4） 昨日は学校に行けませんでした。

5） 雰囲気が良くて、気に入りました。

B 次の文を読んで、質問に答えてみましょう。 10

어제 할머니께서 우리 집에 오셨습니다. 우리는 저녁 식사를 같이 했습니다. 할머니께서는 저녁을 맛있게 드셨습니다. 그리고 지난달부터 휴대폰을 사용하셨습니다. 그래서 저한테 메시지도 보내셨습니다.

1） 어제 누가 오셨어요?

2） 할머니하고 뭐 했어요?

3） 할머니는 휴대폰을 사용하세요?

C 韓国語の先生に次の質問をして、その答えを書いてみましょう。

1） 선생님 성함이 어떻게 되세요?

2） 오늘 학교에 몇 시에 오셨어요?

3） 선생님은 보통 주말에 뭐 하세요?

4） 선생님은 커피를 좋아하세요?

제 사 과 (4)

지금부터 가는 곳이 어디예요?

▼解説動画

11

수진: 지금부터 가는 곳이 어디예요?

겐타: 아, 친구가 멋있는 호수를 추천해 줬어요.

수진: 그래요? 여기서 얼마나 걸려요?

겐타: 한 30분쯤 걸려요.

거기서 점심을 먹는 게 어때요?

수진: 좋아요. 맛있는 거 먹어요.

기대가 되네요.

12

−는	～る…、～ている…。 動詞・存在詞の現在連体形	곳	ところ
멋있다	素敵だ	호수	湖
추천하다	勧める、推薦する	−아/어 주다	～てくれる、～てあげる
여기서	ここから、ここで	얼마나	どれぐらい
걸리다	かかる	한	約、およそ
거기서	そこで	점심	お昼
게	ことは、ことが。것이の縮約形	어때요?	どうですか
거	もの、こと。것の縮約形	기대	期待。기대가 되다：楽しみだ
−네요	～ます（です）ね		

文法

1 動詞・存在詞の現在連体形　–는　～る…、～ている…

連体形は、用言が名詞などの体言を修飾する形である。

日本語：	韓国語：
毎日学校に行く。	매일 학교에 가다.
毎日行く学校。	매일 가는 학교.

日本語は、連体形と基本形の形が同じであるが、韓国語は、品詞（動詞・存在詞、形容詞・指定詞）や時制（現在、過去、予期）によって、連体形が異なる（第4～8課で学習）。

動詞と存在詞の現在連体形は、語幹に直接「–는」が付く。なお、ㄹ語幹は、語幹末の「ㄹ」が落ちてから、「–는」が付く。

보다（見る）	보	+	는	→	보는 드라마（見るドラマ）
재미있다（面白い）	재미있	+	는	→	재미있는 책（面白い本）
알다（知る）	아（ㄹ脱落）	+	는	→	아는 사람（知っている人）

요즘 보는 드라마가 뭐예요?（最近見ているドラマは何ですか。）
주말에 재미있는 책을 읽었습니다.（週末に面白い本を読みました。）
아는 사람이에요?（知り合いですか。）

1-1　보기（例）にならって、現在連体形に直し、読んでみましょう。

보기　받다／책　→　받는 책

1）주다／선물　→

2）앉다／의자　→

3）멋있다／경치　→

4）살다／집　→

2 -는 게 어때요? ～のはどうですか、～たらどうですか

「-는 게 어때요?」は、「～のはどうですか、～たらどうですか」の意味で、相手に提案する表現である。

오다（来る）	오	+	는 게 어때요?	→	오는 게 어때요?
닫다（閉める）	닫	+	는 게 어때요?	→	닫는 게 어때요?
팔다（売る）	파（ㄹ脱落）	+	는 게 어때요?	→	파는 게 어때요?

내일 오는 게 어때요?（明日来るのはどうですか。）
교실 문을 닫는 게 어때요?（教室のドアを閉めるのはどうですか。）
축제 때 핫도그를 파는 게 어때요? （大学祭でホットドッグを売るのはどうですか。）

発音チェック！
連体形「-는」には、前に来る単語によって鼻音化が起きる。
먹는[멍는], 잡는[잠는], 닫는[단는], 웃는[운는]

2-1 보기（例）にならって対話文を作り、隣の人と話してみましょう。

보기 홍차／마시다
→ 가：홍차를 마시는 게 어때요?　　나：네, 같이 마셔요!

1）자전거／타다
가：　　　　나：

2）한국 여행／가다
가：　　　　나：

3）스파게티／먹다
가：　　　　나：

4）초밥／만들다
가：　　　　나：

3 -아/어 주다　～てくれる、～てあげる

「-아/어 주다」は、「～てくれる、～てあげる」の意味で、やりもらいの授受表現である。語幹末の母音が「ㅏ, ㅗ, ㅑ」のときは「-아 주다」、それ以外の母音には「-어 주다」が付く。また、하다用言は「-여 주다」が付く。

잡다 (つかむ)	잡	+	아 주다	→	잡아 주다
기다리다 (待つ)	기다리	+	어 주다	→	기다려 주다
추천하다 (勧める)	추천하	+	여 주다	→	추천해 주다

엄마가 아이 손을 꼭 잡아 줘요. (母親が子供の手をぎゅっと握ってあげます。)
동아리 친구들이 기다려 줬어요? (サークルの仲間たちが待ってくれたんですか。)
친구가 멋있는 호수를 추천해 줬어요. (友人が素敵な湖を勧めてくれました。)

3-1　보기 (例) にならって文を作り、読んでみましょう。

보기 아이돌／댄스／가르치다 → 아이돌이 댄스를 가르쳐 줘요.

1）친구／사진／보이다 →

2）오빠／용돈／보내다 →

3）동생／요리／만들다 →

4）직원／회의실／안내하다 →

주다の謙譲語は「드리다 (差し上げる)」で、「-아/어 드리다」は「～て差し上げる、お～する、～させていただく」にあたる謙譲表現である。

친구한테 선물을 줬어요. (友だちにプレゼントをあげました。)
어머니께 선물을 드렸어요. (お母さんにプレゼントを差し上げました。)

선생님께서 한국어를 가르쳐 주셨어요. (先生が韓国語を教えてくださいました。)
사진을 찍어 드릴까요? (写真をお撮りしましょうか。)

응용연습 （応用練習）

A 次の文を韓国語で書いて、読んでみましょう。

1）毎日乗る電車です。

2）お母さんはおいしい料理を作ってくれます。

3）夏休みにソウルに行くのはどうですか。

4）外国人に東京駅までの道を教えてあげました。

5）私が住んでいる大阪が好きです。

B 次の文を読んで、質問に答えてみましょう。 13

저는 매일 자전거를 타고 학교에 갑니다. 학교까지 가는 길은 조용하고 경치도 좋습니다. 시간이 있는 날은 경치를 구경하면서 천천히 달립니다. 자전거를 타면 운동도 됩니다. 여러분도 자전거를 타 보는 게 어때요?

1）저는 학교까지 어떻게 가요?

2）학교 가는 길은 어때요?

3）자전거를 타면 뭐가 좋아요?

C 以下の会話文を作り、隣の人と話してみましょう。

A：가장 (좋아하다：＿＿＿＿＿＿＿＿＿＿＿＿) 음식이 뭐예요?

B：저는 (　　　　　　　　) 를/을 아주 좋아해요. (　　　　　　　　) 씨는요?

A：전 (　　　　　　　　) 를/을 좋아해요.

B：제가 (맛있다：＿＿＿＿＿＿＿＿＿＿＿＿) 가게를 알아요.

A：그럼 같이 먹으러 가는 게 어때요?

B：네, 좋아요.

〈天気の表現〉

맑음(晴れ)　**흐림**(曇り)　**비**(雨)　**눈**(雪)

천둥(雷)　**번개**(稲妻)　**바람**(風)　**회오리바람**(竜巻)

흐린 뒤 맑음(曇りのち晴れ)　**때때로 비**(時々雨)

맑다(晴れる)　**비가 오다/내리다**(雨が降る)　**바람이 불다**(風が吹く)

흐리다(曇っている)　**천둥이 치다, 번개가 치다**(雷が鳴る、稲妻が走る)

제 오 과 (5) 이 키가 큰 사람은 누구예요?

▼解説動画

14

(사진을 보면서)

수진： 이 분이 누구세요?

겐타： 우리 아버지이십니다.

수진： 그럼, 이 키가 큰 사람은 누구예요?

겐타： 제 동생인데요, 저보다 3살 어려요.

수진： 여기 머리가 긴 사람이 누나죠?

겐타： 네, 맞아요. 누나는 회사에 다녀요.

수진： 사이가 좋은 가족이네요!

15

사진	写真	분	方
누구	誰	아버지	お父さん
키	背、身長	크다	大きい。(背が)高い
−(으)ㄴ	〜な〜…、〜い…。形容詞の現在連体形	동생	弟・妹
−(으)ㄴ데요	〜ますが(です)が、〜ます(です)けど	−보다	〜より（比較）
살	〜歳（固有語数詞＋살）	어리다	幼い。(나이가) 어리다：年下だ
머리	髪、頭	길다	長い
누나	(弟からみて)姉	−죠?	〜でしょう？／〜ましょう
회사	会社	다니다	通う
사이	仲	가족	家族

文法

1 形容詞の現在連体形　-(으)ㄴ　～い…、～な…

形容詞の現在連体形は、母音語幹には「-ㄴ」、子音語幹には「-은」が付く。また、ㄹ語幹は、語幹末の「ㄹ」が落ちてから、「-ㄴ」が付く。なお、指定詞（-이다, 아니다）の現在連体形は「-ㄴ」である。

좋다（良い）	좋	+	은	→	좋은 가족（良い家族）
길다（長い）	기（ㄹ脱落）	+	ㄴ	→	긴 머리（長い髪）
대학생이다（大学生だ）	대학생이	+	ㄴ	→	대학생인 형（大学生の兄）

사이가 좋은 가족이네요.（仲の良い家族ですね。）
긴 머리가 잘 어울려요.（長い髪がよく似合います。）
대학생인 형이 있어요.（大学生の兄がいます。）

1-1　보기（例）にならって現在連体形に直し、読んでみましょう。

보기　슬프다／드라마　→　슬픈 드라마

1）예쁘다／손　→
2）젊다／사람　→
3）멀다／나라　→
4）회사원이다／어머니　→

1-2　보기（例）にならって文を作り、読んでみましょう。

보기　선물로／예쁘다／시계를 받다　→　선물로 예쁜 시계를 받았어요.

1）어제／기쁘다／일이 있다　→
2）콘서트에／많다／사람이 오다　→
3）일본의／유명하다／온천에 가다　→
4）외국에서／작다／지갑을 사다　→

2 −는데요, −(으)ㄴ데요　～ます(です)が、～ます(です)けど

「−는데요、−(으)ㄴ데요」は、「～ます(です)が、～ます(です)けど」の意味で、文中や文末を和らげる表現であり、品詞によってつけ方が異なる。「現在連体形＋데요」の形で、動詞・存在詞は語幹に「−는데요」、形容詞・指定詞は「−(으)ㄴ데요」が付く。なお、過去の事態においては品詞を問わず、「−았/었는데요」になる。

만나다 (会う)	만나	+	는데요	→	만나는데요
좁다 (狭い)	좁	+	은데요	→	좁은데요
좋았다 (良かった)	좋았	+	는데요	→	좋았는데요

오늘 만나는데요. (今日会いますけど。)
방이 좁은데요. 괜찮아요? (部屋が狭いんですが、大丈夫ですか。)
그 노래는 좋았는데요. (その歌は良かったですけど。)

2-1 보기 (例) にならって、「−는데요／−(으)ㄴ데요」の文を作ってみましょう。

보기 회사에 다니다　→　회사에 다니는데요.

1) 책을 읽다　→
2) 양이 적다　→
3) 아버지는 교사이다　→
4) 머리가 길었다　→

「−는데、−(으)ㄴ데」は、「～だが、～するけど」という意味で、文中で背景や状況を表すのに用いる。逆接の意味で使われることもある。

2-2 보기 (例) にならって、「−는데／−(으)ㄴ데」の文を作ってみましょう。

보기 일요일이다　→　일요일인데 학교에 가세요?

1) 비가 오다　→　우산이 없어요.
2) 지바에 살다　→　좀 멀어요.
3) 음식이 맛있다　→　너무 비싸요.
4) 디자인은 좋다　→　사이즈가 작아요.

3 −죠　〜でしょう？、〜ましょう

「−죠」は、「−지요」の縮約形で、「〜でしょう？、〜ましょう」の意味である。聞き手に確認をしたり、同意を求めたり、やわらかい疑問や提案を表す表現である。また、話し手が聞き手に自分の考えや判断をやわらかく説明するときにも用いる。語幹に直接「−죠」が付く。

바다보다 산을 좋아하죠?（海より山が好きでしょう？）
이거 얼마죠?（これおいくらでしょう。）
우리 같이 시험 공부 하죠.（私たち一緒に試験勉強しましょう。）
한국도 덥죠.（韓国も暑いですよ。）

3-1　보기（例）にならって文を作り、読んでみましょう。

보기	영어／한국어／쉽다	→	영어보다 한국어가 쉽죠?

1）라면／우동／맛있다　→
2）아버지／오빠／키가 크다　→
3）백화점／시장／싸다　→
4）도쿄／서울／춥다　→

응용연습 (応用練習)

次の文を韓国語で書いて、読んでみましょう。

1）会いたい友だちがいるんですけど。

2）かわいい靴も買って、おいしい料理も食べたいんですが。

3）ラーメンより冷麺が高いですよ。

4）会社員のお姉さんは毎日忙しいでしょう？

5）短い髪がとても似合いますね。

次の文を読んで、質問に答えてみましょう。 16

우리 가족 사진입니다. 여기 키가 큰 분이 아버지이신데요, 공무원이십니다. 그리고 아버지 옆의 머리가 긴 분이 어머니이십니다. 학생인 오빠는 지금 미국에 있는 대학원에서 공부합니다. 저보다 4살 많습니다. 그리고 제 옆에 있는 고양이 참 귀엽죠?

1）아버지 직업이 뭐예요?

2）머리가 긴 사람이 누구예요?

3）오빠는 지금 어디에서 무엇을 해요?

家族や友人、好きな人の絵や写真を準備して、紹介してみましょう。

제1회 읽기 & 쓰기

읽어 봅시다

17

자기 소개

안녕하세요? 저는 김수진이라고 합니다.

미라이대학교에서 일본 문화를 공부하고 있습니다. 저는 일본 문화에 관심이 아주 많습니다. 그래서 2년 전에 일본에 유학을 왔습니다.

처음에는 일본어도 잘 못하고 친구도 없고 자전거도 못 타서 고생을 많이 했습니다. 지금은 일본 친구도 많이 생기고 친구가 자전거도 가르쳐 줘서 매일 자전거를 타고 학교에 다닙니다.

제 취미는 사진을 찍는 것입니다. 시간이 있으면 여기 저기 사진을 찍으러 갑니다. 그리고 제일 좋아하는 음식은 초밥입니다. 집 근처에 있는 초밥 가게는 아주 싸고 맛있어서 한 달에 한 번은 꼭 먹으러 갑니다.

저는 일본이 참 좋습니다. 졸업을 하면 일본과 관계 있는 일을 하고 싶습니다.

18

문화	文化	관심	関心、興味
전에	前に	유학	留学
처음에는	初めは	고생	苦労
생기다	できる	가르치다	教える
취미	趣味	찍다	撮る
시간	時間	여기 저기	あちこち
제일	一番	음식	食べ物、料理
초밥	寿司	근처	近所、近く
가게	店	달	～ヶ月（固有語数詞＋달）
번	～回（固有語数詞＋번）	졸업	卒業
관계	関係	일	仕事

1-1 **P35の文を読んで、次の質問に韓国語で答えてみましょう。**

1）김수진 씨는 어디에서 무엇을 공부하고 있습니까?

2）언제 일본에 왔습니까?

3）지금은 자전거를 탈 수 있습니까?

4）취미는 무엇입니까?

5）한 달에 한 번 어디에, 뭐 하러 갑니까?

1-2 次のキーワードを参考に自己紹介文を書いて、発表してみましょう。

자기 소개

이름은？

전공은？

좋아하는 것은？

취미는？

등 등

제 육 과 (6)

신오쿠보에 간 적이 있어요?

▼解説動画

19

수진：겐타 씨는 신오쿠보에 간 적이 있어요?

겐타：네, 1년 전에 거기서 김밥이랑 떡볶이를 먹은 적이 있어요.

수진：전 어젯밤에 유명한 카페에 갔는데요, 거기서 마신 커피가 되게 맛있었어요.

겐타：저도 먹은 지 오래돼서 가고 싶네요.

수진：그럼 금요일 수업이 끝난 후에 같이 가요!

20

신오쿠보	新大久保
-(으)ㄴ 적이 있다/없다	～たことがある/ない
어젯밤	昨晩、昨夜
카페	カフェ
되게	すごく、とても
오래되다	久しい
-(으)ㄴ	～た…。動詞の過去連体形
김밥[김빱]	韓国風のり巻き
유명하다	有名だ
거기서	そこで
-(으)ㄴ 지	～てから、～て以来
-(으)ㄴ 후	～た後

文法

1 動詞の過去連体形 -(으)ㄴ ～た…

動詞の過去連体形は、母音語幹には「－ㄴ」、子音語幹には「－은」が付く。また、ㄹ語幹は、語幹末の「ㄹ」が落ちてから、「－ㄴ」が付く。なお、形容詞の現在連体形と形が同じである。

만나다（会う）	만나	+	ㄴ	→	만난 사람（会った人）
받다（もらう）	받	+	은	→	받은 선물（もらったプレゼント）
걸다（かける）	거（ㄹ脱落）	+	ㄴ	→	건 후（かけた後）

어제 만난 사람이 누구예요?（昨日会った人は誰ですか。）
생일에 받은 선물이 마음에 들었어요.（誕生日にもらったプレゼントが気に入りました。）
전화를 건 후에 같이 가요.（電話をかけた後に一緒に行きましょう。）

「～た後」は、<動詞の過去連体形 -(으)ㄴ ＋ 후, 뒤, 다음>で表す。

1-1 보기（例）にならって過去連体形に直し、読んでみましょう。

보기 다니다／학교 → 다닌 학교

1）마시다／커피 →

2）읽다／책 →

3）놀다／시간 →

4）먹다／뒤 →

1-2 보기（例）にならって適当な単語を連体形に直し、文を完成させてみましょう。

보기 내가 빌려준 책은 다 읽었어요?

만들다　찍다　빌려주다　읽다　보내다　보다　가다

1）제가 ＿＿＿＿ 메일을 받으셨어요?

2）지난주에 ＿＿＿＿ 영화 제목이 뭐예요?

3）어디서 ＿＿＿＿ 사진이에요?

4）누가 ＿＿＿＿ 불고기예요?

2 -(으)ㄴ 적이 있다／없다　～たことがある／ない

「-(으)ㄴ 적이 있다/없다」は、「～たことがある/ない」の意味で、過去にある出来事や事実を経験したことがあるかないかを表す表現である。

가다（行く）	가	+	ㄴ 적이 있다/없다	→	간 적이 있다/없다
먹다（食べる）	먹	+	은 적이 있다/없다	→	먹은 적이 있다/없다
울다（泣く）	우（ㄹ脱落）	+	ㄴ 적이 있다/없다	→	운 적이 있다/없다

한국에 간 적이 있습니까?（韓国に行ったことがありますか。）
떡볶이를 먹은 적이 없어요.（トッポッキを食べたことがありません。）
사람들 앞에서 운 적이 있어요?（人前で泣いたことがありますか。）

2-1 보기（例）にならって文を作り、隣の人と話してみましょう。

보기 신주쿠에서 만나다
→ 가：신주쿠에서 만난 적이 있어요?　　나：아뇨, 만난 적이 없어요.

1）한국 친구와 사귀다
가：　　　　나：

2）후지산에 올라가다
가：　　　　나：

3）한복을 입다
가：　　　　나：

4）외국에 살다
가：　　　　나：

3 -(으)ㄴ 지　～てから、～て以来

「-(으)ㄴ 지」は、「～てから、～て以来」の意味で、ある出来事や動作が完了してから時間的にどれほど過ぎたかを表す表現である。時間の経過を表す「되다（なる）」か、「지나다（過ぎる）」のような動詞が続くことが多い。

배우다（習う）	배우	+	ㄴ 지	→	배운 지
먹다（食べる）	먹	+	은 지	→	먹은 지
알다（知る）	아（ㄹ脱落）	+	ㄴ 지	→	안 지

한국어를 배운 지 1년이 됐어요.（韓国語を習って1年が経ちました。）
점심을 먹은 지 한 시간이 지났습니다.（お昼を食べてから1時間が過ぎました。）
그 선배를 안 지 꽤 됐어요.（その先輩と知り合ってからだいぶ経ちました。）

「～になる」は、「-가/이 되다」の形で用いる。なお、会話では助詞「-가/이」は省略されることもある。（『チンチャ！チョアヘヨ‼ 韓国語1』第11課）

3-1 보기（例）にならって文を作り、隣の人と話してみましょう。

보기 그 친구를 사귀다, 3년
→ 가：그 친구를 사귄 지 얼마나 됐어요?　　나：3년이 됐어요.

1）한국어를 배우다, 2년
가：　　나：

2）운전면허를 따다, 한 달
가：　　나：

3）이 집에 살다, 오래되다
가：　　나：

4）연락을 받다, 얼마 안 되다（それほど経っていない）
가：　　나：

응용연습 （応用練習）

次の文を韓国語で書いて、読んでみましょう。

1）昨日もらったプレゼントがとても気に入りました。

2）旅行に行ってきた後に、風邪を引きました。（旅行に行ってくる：여행을 갔다 오다）

3）今まで告白したことがありますか。

4）一度も会ったことがありません。

5）夕飯を食べてから１時間しか経っていないんですが。

B 次の文を読んで、質問に答えてみましょう。 21

저는 스포츠 중에서 축구를 제일 좋아합니다. 축구는 중학교 때 배운 적이 있습니다. 요즘은 가끔 친구들이랑 축구 경기를 보러 갑니다. 이번 주 일요일에도 경기가 있는데 약속이 있어서 못 갑니다. 친구랑 축구도 보고 맛있는 요리도 먹고 싶었는데 너무 아쉽습니다.

1）무슨 스포츠를 제일 좋아해요?

2）축구를 배운 적이 있어요?

3）이번 주 일요일에 축구를 보러 가요?

隣の人に質問をして、表を完成させてみましょう。

수진：신오쿠보에 가 본 적이 있어요?（新大久保に行ったことがありますか。）

겐타：네, 가 본 적이 있어요.（○） ／ 아뇨, 가 본 적이 없어요.（×）

	名前	経験したこと	○／×
1	겐타	신오쿠보에 가 본 적이 있다	○
2		한복을 입어 본 적이 있다	
3			

〈反対語〉

크다(大きい、(背が)高い)	작다(小さい)	멀다(遠い)	가깝다(近い)
많다(多い)	적다(少ない)	덥다(暑い)	춥다(寒い)
길다(長い)	짧다(短い)	어렵다(難しい)	쉽다(易しい)
비싸다((値段が)高い)	싸다(安い)	기쁘다(嬉しい)	슬프다(悲しい)
재미있다(面白い)	재미없다(面白くない)	맛있다(おいしい)	맛없다(まずい)

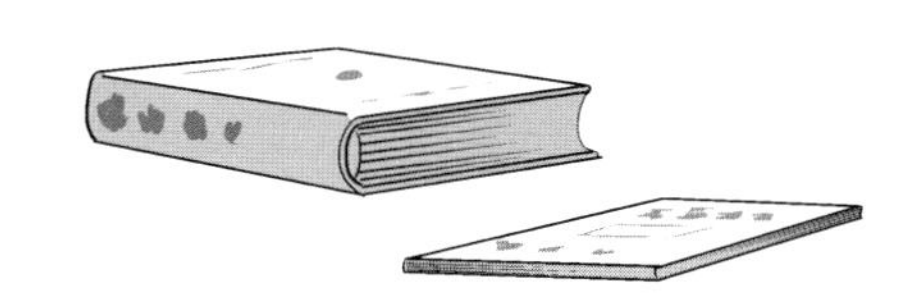

제 칠 과 (7)

흐렸던 날씨가 좋아졌네요.

▼解説動画

22

수진: 아까까지 흐렸던 날씨가 좋아졌네요.

겐타: 다행이다. 비 오기 전에 저 먼저 가요.

수진: 무슨 일 있어요?

겐타: 오늘은 제가 코코* 산책 담당이에요.

수진: 코코 많이 자랐죠? 보고 싶다.

겐타: 네, 키도 많이 자라고 요즘은 저보다 더 빨리 달려요.

수진: 다음에 한가해지면 코코랑 같이 만나요!

*코코: 강아지 이름

23

아까	さっき	흐리다	曇っている
−았/었던	～かった…。形容詞の過去連体形	날씨	天気
−아/어지다	～くなる	다행이다	幸いだ、(無事で)よかった
비	雨	−기 전에	～前に
먼저	先に	무슨	何の
일	仕事、用事、こと	산책	散歩
담당	担当	자라다	育つ、成長する
요즘	最近	더	もっと
빨리	速く	달리다	走る
한가하다	暇だ		

文法

1 形容詞の過去連体形　-았/었던　～かった…、～だった…

形容詞の過去連体形は、語幹末の母音が「ㅏ, ㅗ, ㅑ」のときは「-았던」、それ以外の母音は「-었던」が付く。また、하다用言は「-였던」が付く。また、指定詞（-이다, 아니다）と存在詞（있다, 없다）の過去連体形も同じく「-았/었던」である。

많다 (多い)	많	+	았던	→	많았던 게임 (多かったゲーム)
흐리다 (曇っている)	흐리	+	었던	→	흐렸던 날씨 (曇っていた天気)
있다 (いる)	있	+	었던	→	있었던 사람 (いた人)

작년에 가장 인기가 많았던 게임이에요. (昨年一番人気だったゲームです。)
아까까지 흐렸던 날씨가 좋아졌어요. (さっきまで曇っていた天気がよくなりました。)
저기 있었던 사람은 어디에 갔어요? (あそこにいた人はどこに行きましたか。)

1-1 보기（例）にならって過去連体形に直し、読んでみましょう。

보기 적다／손님　→　적었던 손님

1）좁다／방　→

2）행복하다／시간　→

3）맛있다／불고기　→

4）세일이다／기간　→

2 -아/어지다　～くなる（状態変化）

「-아/어지다」は、「～くなる」の意味で、形容詞に付いて状態変化を表す。語幹末の母音が「ㅏ, ㅗ, ㅑ」のときは「-아지다」、それ以外の母音は「-어지다」が付く。また、하다用言は「-여지다」が付く。

좋다 (良い)	좋	+	아지다	→	좋아지다
멀다 (遠い)	멀	+	어지다	→	멀어지다
한가하다 (暇だ)	한가하	+	여지다	→	한가해지다

한국어 발음이 점점 좋아지고 있어요. (韓国語の発音がだんだん良くなってきています。)
이사를 해서 학교가 멀어졌습니다. (引っ越しをしたので学校が遠くなりました。)
한가해지면 어디에 놀러 가고 싶어요? (暇になったらどこに遊びに行きたいのですか。)

2-1　보기（例）にならって文を作り、読んでみましょう。

> **보기** 물가／작년／비싸다　→　물가가 작년보다 비싸졌어요.

1）고속도로／2년 전／넓다　→

2）월급／지난달／많다　→

3）날씨／어제／흐리다　→

4）오빠／대학생 때／멋있다　→

3　-기 전에　～前に

「-기 전에」は、「～前に」の意味で、語幹に直接「-기 전에」が付く。

오다（来る）	오	+	기 전에	→	오기 전에
걸다（かける）	걸	+	기 전에	→	걸기 전에

비가 오기 전에 집에 갔어요.（雨が降る前に家に帰りました。）
전화를 걸기 전에 번호를 확인했어요?（電話をかける前に番号を確認しましたか。）

3-1　보기（例）にならって文を作り、隣の人と話してみましょう。

> **보기** 영화를 보다, 친구를 만나다
> → 가：영화를 보기 전에 친구를 만났어요?
> 　나：네, 친구를 만난 후에 영화를 봤어요.

1）밥을 먹다, 손을 씻다

가：　　　　나：

2）친구랑 놀다, 숙제를 하다

가：　　　　나：

3）아르바이트를 하다, 택배를 받다

가：　　　　나：

4）콘서트에 가다, 예약을 하다

가：　　　　나：

응용연습 (応用練習)

次の文を韓国語で書いて、読んでみましょう。

1）良かった天気が曇ってきました。

2）もっとも面白かったドラマはどれですか。

3）この靴は小さくなって履けないです。

4）寝る前に温かい牛乳を飲むと良いです。

5）韓国語を習う前と習った後の感想を聞きたいです。

次の文を読んで、質問に答えてみましょう。 24

한국도 6월말부터 습도가 높아지고 비도 자주 내리는 장마가 시작됩니다. 매년 장마철에는 빨래하는 것이 힘들었던 기억이 있습니다. 사실은 저는 비를 좋아해서 비를 바라보면서 커피를 마시는 순간이 참 행복합니다. 그리고 한여름이 되기 전에 선선한 날씨를 즐길 수 있어서 조금은 장마철이 좋을 때도 있습니다.

1）장마철 날씨는 어때요?

2）제가 행복한 순간은 언제일까요?

3）선선한 날씨는 한여름에 느낄 수 있어요?

隣の人と次の質問について話してみましょう。

1）가장 행복했던 기억이 뭐예요?

2）대학을 졸업하기 전에 꼭 하고 싶은 게 뭐예요?

제 팔 과 (8)

여름 방학 때 뭐 할 생각이에요?

▼解説動画

25

겐타： 여름 방학 때 뭐 할 생각이에요?

수진： 한국에 갈 거예요.
가족 여행도 하고 친구도 만날 생각이에요.

겐타： 좋겠다. 한국에는 얼마나 있을 예정이에요?

수진： 한 2주 정도 있을 거예요.

겐타： 나도 수진 씨가 한국에 있을 때 놀러 가고 싶네요.

수진： 그거 좋은 생각인데요.

겐타： 정말이요? 그럼 바로 비행기 예약합니다!

26

여름 방학	夏休み	-(으)ㄹ	～であろう…。用言の予期連体形
생각	考え、つもり	-(으)ㄹ 것이다	～つもりだ、～であろう
여행	旅行	-겠다	～る、～そうだ
좋겠다	いいな	예정	予定
주	週	정도	程度、くらい、ほど
바로	すぐ	비행기	飛行機
예약	予約		

文法

1 予期連体形 -(으)ㄹ ～であろう…

全ての用言の予期連体形は、母音語幹には「－ㄹ」、子音語幹には「－을」が付く。また、ㄹ語幹は、語幹末の「ㄹ」が落ちてから、「－ㄹ」が付くので、形は語幹のままである。

만나다（会う）	만나	+	ㄹ	→	만날 생각（会うつもり）
있다（いる）	있	+	을	→	있을 예정（いる予定）
팔다（売る）	파（ㄹ脱落）	+	ㄹ	→	팔 물건（売る品物）

친구를 만날 생각이에요.（友だちに会うつもりです。）
서울에 있을 예정입니다.（ソウルにいる予定です。）
내일 팔 물건이에요.（明日売る品物です。）

「～るとき」は「－(으)ㄹ 때」、「～たとき」は「－았/었을 때」で表す。
ご飯を食べるとき：밥을 먹을 때　　ご飯を食べたとき：밥을 먹었을 때

1-1 보기（例）にならって予期連体形に直し、読んでみましょう。

보기 여행하다／나라 → 여행할 나라

1）부르다／노래 →

2）받다／생각 →

3）만들다／요리 →

4）만났다／때 →

2 -(으)ㄹ 것이다 ～つもりだ、～であろう

「－(으)ㄹ 것이다」は、「～つもりだ、～であろう」の意味で、意志や推量を表す。

쓰다（書く）	쓰	+	ㄹ 것이다	→	쓸 것이다
먹다（食べる）	먹	+	을 것이다	→	먹을 것이다
멀다（遠い）	머（ㄹ脱落）	+	ㄹ 것이다	→	멀 것이다

なお、「－(으)ㄹ 것이다」の합니다体と해요体は以下のとおりである。

	書きことば		話しことば	
합니다体	-(으)ㄹ	것입니다	-(으)ㄹ	겁니다
해요体		것이에요		거예요

이제부터 쓸 것입니다. (これから書くつもりです。)
점심은 나중에 먹을 겁니다. (お昼は後で食べるつもりです。)
선생님 집은 멀 거예요. (先生の家は遠いでしょう。)

2-1 보기（例）にならって文を作り、隣の人と話してみましょう。

보기 가 : 내일 뭐 해요? (시험 공부)
→ 나 : 시험 공부를 할 거예요.

1）가 : 저녁은 뭐 먹어요? (닭갈비)
나 :

2）가 : 주말에는 누구랑 놀아요? (고등학교 친구)
나 :

3）가 : 리포트는 언제 씁니까? (점심 때)
나 :

4）가 : 아버지는 어디에 계십니까? (회사)
나 :

3 −겠다 〜る、〜そうだ

「−겠다」は、話し手の判断を表し、「〜る、〜そうだ」の意味である。主体や用言によって、意志や様子を表す。

제가 발표하겠습니다. (私が発表します。)
내일은 비가 오겠는데요. (明日は雨が降りそうですが。)

3-1 보기（例）にならって文を作り、読んでみましょう。

보기 학교를 소개하다 → 학교를 소개하겠습니다.

1）빵을 만들다 →

2）열심히 공부하다 →

3）그 요리는 맛있다 →

4）겨울에 눈이 많이 오다 →

응용연습 （応用練習）

A 次の文を韓国語で書いて、読んでみましょう。

1）夏休みには運転を習う予定です。

2）カフェでアルバイトをするときはいつもエプロンをします。

3）ソウルに行ったとき、景福宮には行かなかったんですか。

4）土曜日は家にいるつもりです。

5）明日は私が駅で待ちます。（「-겠습니다」使用）

B 次の文を読んで、質問に答えてみましょう。 27

하나코 씨, 잘 지내죠? 하나코 씨가 한국에 유학 간 지 벌써 2년이 됐네요. 근데, 이번 여름 방학 때 서울이랑 부산에 갈 예정인데, 혹시 시간 있어요? 서울에서 2박하고 부산에 갈 거예요. 하나코 씨는 부산에 가 본 적이 있어요? 없으면 같이 가요. 부산의 유명한 관광지도 구경하고 신선한 생선회도 먹고 싶어요. 그럼 답장 기다리겠습니다. 일본에서 지영

1）하나코는 한국에 간 지 얼마나 됐어요?

2）지영은 여름 방학 때 뭐 할 거예요?

3）지영은 부산에서 뭐 하고 싶어요?

C 隣の人に質問をして表を完成させてみましょう。

수진 : 여름 방학 때 뭐 할 거예요?（夏休みには何をするつもりですか。）
겐타 : ① 오키나와에 갈 예정이에요.（沖縄に行く予定です。）
수진 : ① 오키나와에서 뭐 해요?（沖縄では何をしますか。）
겐타 : ② 바다에 놀러 갈 거예요.（海に遊びに行くつもりです。）

	名前	①場所	②予定
1	겐타	오키나와	바다에 놀러 갈 거예요.
2			
3			

제 구 과 (9)

한국어 시험은 잘 본 것 같아요.

▼解説動画

28

수진 : 겐타 씨, 전공 시험 공부 많이 했어요?

겐타 : 아뇨, 별로 못 했어요.
그래도 한국어 시험은 잘 본 것 같아요.

수진 : 잘됐네요. 근데 리포트는 다 썼어요?

겐타 : 요즘 바빠서 아직 못 썼어요.
그래서 이제부터 쓸 거예요.

수진 : 그럼 리포트 쓰기 전에 도서관에서 같이 자료를 찾는 건 어때요?

겐타 : 네, 좋아요.

29

전공	専攻	시험	試験
별로	別に、あまり（＋否定）	그래도	それでも、でも
잘 보다	良くできる。 시험을 보다：試験を受ける	連体形＋것 같다	～ようだ、～そうだ、～と思う
잘됐네요	良かったですね。잘되다：うまくいく	리포트	レポート
다	すべて、皆、全部、すっかり	쓰다	書く
바쁘다	忙しい	이제부터	今から
자료	資料	찾다	探す

1 으語幹の用言

으語幹の用言とは、語幹末が母音「ㅡ」で終わる用言のことである。ただし、「르」語幹末は除く（第13課で学ぶ）。

기쁘다（嬉しい）　＝　기쁘　＋　다

으語幹の用言の特徴

「-아/어」で始まる語尾の前で、母音の「ㅡ」が脱落し、次のように「ㅏ」または「ㅓ」が付く。

① 「ㅡ」の前の音節の母音が「ㅏ、ㅗ」なら、「ㅏ」が付き、それ以外なら「ㅓ」が付く。

② 「ㅡ」の前の音節がない場合は、「ㅓ」が付く。

基本形	語幹	-아/어	-아/어活用
아프다（痛い）	아프	아	아파
기쁘다（嬉しい）	기쁘	어	기뻐
쓰다（書く）	쓰	어	써

시험을 잘 봐서 기뻐요.（試験が良くできて嬉しいです。）

리포트를 다 썼어요.（レポートを全部書きました。）

1-1　次の으語幹の用言を活用させてみましょう。

基本形	意味	-ㅂ니다.	-(으)면	-아/어요.
크다	大きい			
바쁘다	忙しい			
고프다	（お腹が）すく			
슬프다	悲しい			
예쁘다	かわいい			

1-2　日本語を参考に、適当な表現を書いてみましょう。

1）배가 너무 ＿＿＿＿＿＿　お腹がとてもすいています。

2）영화가 ＿＿＿＿＿＿ 울었어요.　映画が悲しくて泣きました。

3）머리가 ＿＿＿＿＿＿ 약을 먹으세요.　頭が痛かったら、薬を飲んでください。

4）무슨 ＿＿＿＿＿＿ 일이라도 있어요?　何か嬉しいことでもありますか。

2 連体形＋것 같다　～ようだ、～そうだ、～と思う

「連体形＋것 같다」は、様子からの判断や推測として「～ようだ、～そうだ」や、話し手の意見や考えを控えめに伝える「～と思う」という意味を表す。

連体形のまとめ

品詞	現在	過去	予期
動詞	-는	-(으)ㄴ	-(으)ㄹ
存在詞		-았/었던	
形容詞・指定詞	-(으)ㄴ		

비가 오는 것 같아요.（雨が降っているようです。）
비가 온 것 같아요.（雨が降ったようです。）
비가 올 것 같아요.（雨が降りそうです。）
음식이 생각보다 맛있었던 것 같아요.（料理が思ったより美味しかったと思います。）

2-1 보기（例）にならって、「現在連体形＋것 같아요」の文を作ってみましょう。

보기 메뉴를 고르다 → 메뉴를 고르는 것 같아요.

1）음악을 듣다 →

2）김밥을 만들다 →

3）발음이 좋다 →

2-2 보기（例）にならって「過去連体形＋것 같아요」の文を作り、読んでみましょう。

보기 친구가 오다 → 친구가 온 것 같아요.

1）감기에 걸리다 →

2）만화가 재미없다 →

3）이가 아프다 →

2-3　보기（例）にならって「予期連体形＋것 같아요」の文を作り、読んでみましょう。

보기	문이 닫히다	→	문이 닫힐 것 같아요.

1）나무가 쓰러지다　→

2）피자가 맛있다　→

3）여기서 팔다　→

3 아직＋過去形　まだ〜ていない

「아직＋過去形」は、動作の未完了の表現「まだ〜ていない」という意味を表す。日本語には現れない過去形を用いるので、注意しよう。

바빠서 레포트를 아직 못 썼어요.（忙しくてレポートをまだ書けていません。）
예약 손님이 아직 오지 않았어요?（予約のお客さんはまだ来ていませんか。）
숙제가 많아서 아직 점심을 먹지 못했습니다.（宿題が多くてまだお昼を食べていません。）

제 9 과

응용연습 （応用練習）

次の文を韓国語で書いて、読んでみましょう。

1）靴がとてもかわいくて買いました。

2）鳩がエサを探しているようです。

3）かばんから本が落ちそうです。

4）スーパーマーケットより市場のほうが安いと思います。

5）野球の試合はまだ始まっていませんか。

次の文を読んで、質問に答えてみましょう。 30

다음 주에 기말 시험이 있어서 정말 바쁩니다. 그래서 오늘부터 수업이 끝난 후에 도서관에서 공부할 겁니다. 그런데 시험 전이라서 도서관에 자리가 없을 것 같습니다. 그래도 리포트는 다 써서 다행입니다. 이번 시험은 열심히 공부해서 잘 보고 싶습니다. 파이팅!

1）왜 바빠요?

2）오늘은 수업이 끝난 후에 뭐 해요?

3）리포트는 썼어요?

次の質問に対して「連体形＋것 같아요（～と思います）」を用いて、自分の意見や考えを言ってみましょう。（P.69参考）

1）한국 사람들의 이미지는 어때요?

2）본인이나 친구 성격은 어때요?

읽어 봅시다

31

제주도 여행

저는 한국에 유학을 온 지 2년이 됐습니다. 그런데 아직 제주도에 간 적이 없습니다. 그래서 친구가 서울에 왔을 때 2박 3일 동안 제주도를 여행했습니다.

첫째 날은 식물원에 갔습니다. 예쁜 꽃과 나무가 많이 있었습니다. 우리는 미니 열차를 타고 식물원을 구경했습니다. 저녁에는 제주도의 유명한 흑돼지고기를 먹었는데, 너무 맛있어서 친구와 둘이서 4인분이나 먹었습니다.

둘째 날은 한라산에 올라갔는데, 한라산에서는 말을 타고 사진을 찍는 사람들이 많았습니다. 우리도 기념으로 말을 타고 사진을 찍었습니다. 셋째 날은 바다에 가서 수영도 하고 보트도 탔습니다. 점심에는 생선회를 먹었습니다. 우리는 점심을 먹은 후에 오후 비행기로 서울에 왔습니다.

짧았던 여행이었지만 아주 재미있었습니다. 졸업하기 전에 꼭 다시 한번 가고 싶습니다.

32

제주도	済州島	박	～泊（漢字語数詞＋박）
첫째 날[첟짼날]	一日目	식물원	植物園
꽃	花	나무	木
미니 열차	ミニ列車	구경하다	見物する
저녁	夕方	흑돼지고기	黒豚肉
둘이서	二人で	인분	～人前（漢字語数詞＋인분）
-(이)나	～も	둘째 날[둘짼날]	二日目
한라산[할라산]	漢拏山	올라가다	登る
말	馬	기념	記念
셋째 날[섿짼날]	三日目	바다	海
수영	水泳	보트	ボート
생선회	刺身	짧다	短い
졸업하다	卒業する		

2-1 **P57の文を読んで、次の質問に해요体で答えてみましょう。**

1）한국에 온 지 얼마나 됐어요?

....

2）제주도에서 어디에 갔어요? 무엇을 탔어요?

첫째 날:..........

둘째 날:..........

셋째 날:..........

3）제주도에서 무엇을 먹었어요?

....

4）며칠 동안 제주도를 여행했어요?

....

써 봅시다

2-2 夏休みの予定を韓国語で書いて、発表してみましょう。

여름 방학 예정

언제 ?

어디서 ?

누구랑 ?

무엇을 ?

등 등

제 십 과 (10)

좀 들어 볼까요?

▼解説動画

33

(서울 홍대 거리에서)

겐타：와, 여기가 그 유명한 홍대예요?

수진：네, 우리 천천히 걸으면서 구경해요.

겐타：근데 저기서 들리는 음악이 뭐죠?

수진：글쎄요, 한번 가 볼까요?

겐타：그럴까요? 궁금하네요.

수진：아, 거리 공연이다! 좀 들어 볼까요?

겐타：이왕이면 아이돌이었으면 좋겠어요.

34

홍대	弘大〈地名〉	거리	街
천천히	ゆっくり	걷다	歩く〈ㄷ変格〉
구경하다	見物する	들리다	聞こえる
음악	音楽	한번	(試しに)一度
−아/어 보다	〜てみる	그럴까요?	そうしましょうか
궁금하다	気になる	거리 공연	路上ライブ
듣다	聞く〈ㄷ変格〉	이왕이면	せっかくなら
아이돌	アイドル	−았/었으면 좋겠다	〜たらいい

1 ㄷ(디귿)変格用言

語幹が「ㄷ」で終わる動詞の中には、「으」や「아/어」で始まる語尾の前で、「ㄷ」が「ㄹ」に変わるものがある。

基本形	語幹	-으活用	-아/어活用
걷다（歩く）	걷	걸으	걸어
묻다（きく）	묻	물으	물어

걸으면서 구경해요.（歩きながら見物しましょう。）
길을 물어 볼까요?（道をきいてみましょうか。）

ㄷ変格用言の数は多くないので、ここに挙げている単語はしっかり覚えておこう。なお、받다（受取る）、믿다（信じる）などは、ㄷ変格用言ではなく、받습니다（受け取ります）、받으면（受け取れば）、받아요（受け取ります）のように規則的に変化する。

1-1 次の用言を活用させてみましょう。

基本形	意味	-습니다.	-(으)면	-아/어요.
받다	受取る			
믿다	信じる			
듣다	聞く			
묻다	きく			
걷다	歩く			

1-2 日本語を参考に、適当な表現を書いてみましょう。

1）저는 친구를 　　　　　　　　私は友だちを信じます。

2）아까 　　　　　노래가 뭐예요?　さっき、聞いた歌は何ですか。

3）선배님 나이를 　　　　　　　先輩の歳をききました。

4）공원을 　　　　　구경해요.　公園を歩きながら見物します。

2 -아/어 보다　～てみる

「-아/어 보다」は、「～てみる」という試みの意味を表す。語幹末の母音が「ㅏ, ㅗ, ㅑ」のとき

は「-아 보다」、それ以外の母音は「-어 보다」が付く。また、하다用言は「-여 보다」が付く。

찾다（探す）	찾	+	아 보다	→	찾아 보다
듣다（聞く）	듣	+	어 보다	→	들어 보다

그 유명한 카페를 찾아 봅시다.（あの有名なカフェを探してみましょう。）
클래식 음악을 들어 볼까요?（クラシック音楽を聞いてみましょうか。）

2-1 보기（例）にならって文を作り、読んでみましょう。

보기 비빔밥／먹다 → 비빔밥을 먹어 볼까요?

1）맛있는 가게／찾다 →

2）국제 전화／걸다 →

3）한국어 메일／쓰다 →

4）약속 시간／묻다 →

3 -았/었으면 좋겠다 ～たらいい、～たら嬉しい、～てほしい

「-았/었으면 좋겠다」は、「～たらいい、～たら嬉しい、～てほしい」という願望の意味を表す。語幹末の母音が「ㅏ, ㅗ, ㅑ」のときは「-았으면 좋겠다」、それ以外の母音は「-었으면 좋겠다」が付く。また、하다用言は「-였으면 좋겠다」が付く。

오다（来る）	오	+	았으면 좋겠다	→	왔으면 좋겠다
합격하다（合格する）	합격하	+	였으면 좋겠다	→	합격했으면 좋겠다

친구가 빨리 왔으면 좋겠어요.（友だちが早く来たらいいですね。）
시험에 합격했으면 좋겠습니다.（試験に合格したら嬉しいです。）

3-1 보기（例）にならって文を作り、読んでみましょう。

보기 유자차／마시다 → 유자차를 마셨으면 좋겠어요.

1）생일 선물／받다 →

2）재즈 음악／듣다 →

3）택시／타다 →

4）수업／휴강이다 →

응용연습 (応用練習)

次の文を韓国語で書いて、読んでみましょう。

1）東京で有名な銀座の街を歩いてみたいです。

2）今は韓国語を少し聞き取ることができます。

3）韓服を初めて着てみましたか。

4）この歌、ちょっと聞いてみましょうか。

5）好きなアイドルに会えたら嬉しいです。

次の文を読んで、質問に答えてみましょう。 35

여러분은 서울에 간 적이 있습니까? 저는 8월에 친구하고 여행을 갔다 왔습니다. 제가 좋아하는 아이돌 콘서트도 보고 닭갈비도 먹어 봤습니다. 서울 한가운데에는 남산이 있는데 전망이 아주 좋았습니다. 그리고 한강 유람선을 타고 야경을 구경하는 것도 추천합니다!

1）서울에서 뭐 했어요?

2）서울에서 전망이 좋은 곳은 어디예요?

3）유람선을 타고 무엇을 할 수 있어요?

C 以下の内容を中心に自分の旅行話を書き、言ってみましょう。

・여행을 가 본 적이 있어요?

・언제, 누구랑, 무엇을 했어요?

・제일 기억에 남는 곳이 어디예요? (기억에 남다：記憶に残る)

제 십일 과 (11)

천이 좀 두꺼워서 더워요.

▼解説動画

36

(서울 동대문 시장에서)

수진：와, 예쁘다! 언니, 이 치마 얼마예요?

점원：아, 그거요? 57,000원이에요.

수진：같은 사이즈로 다른 색은 없어요?

점원：물론 있죠. 흰색이나 검은색은 어때요?

수진：아, 흰색으로 입어 볼게요.

(입어 본 후에)

수진：예쁜데 천이 좀 두꺼워서 더워요.
좀 더 둘러보다가 마음에
드는 게 있으면 말할게요.

37

동대문 시장	東大門市場〈地名〉	예쁘다	かわいい
언니	お姉さん。若い女性の店員に使う	치마	スカート
점원	店員	원	～ウォン（漢字語数詞＋원）
같다	同じだ	사이즈	サイズ
다르다	違う	색	色
물론	もちろん	흰색[힌색]	白
−(이)나	～や、～か（列挙・例示）	검은색	黒
−(으)ㄹ게요	～ますね、ますから	천	生地、布
두껍다	厚い〈ㅂ変格〉	덥다	暑い〈ㅂ変格〉
좀	少し、ちょっと	더	もう、もっと
둘러보다	見て回る	−다가	～ていて、～ている途中で
말하다	言う		

1 ㅂ(비읍)変格用言

語幹が「ㅂ」で終わる用言（形容詞はほとんど）の多くは、「으」で始まる語尾の前では「ㅂ」がなくなり、「우」が付く。また「아/어」で始まる語尾の前では、「ㅂ」がなくなり、「워」が付く。

基本形	語幹	−으活用	−아/어活用
덥다（暑い）	덥	더우	더워
춥다（寒い）	춥	추우	추워

더운 여름이 끝났어요.（暑い夏が終わりました。）
서울의 겨울은 아주 추워요.（ソウルの冬はとても寒いです。）

돕다（手伝う）、곱다（きれいだ）だけは、「아/어」で始まる語尾の前で「ㅂ」がなくなり、「와」が付く。
집에서 식사 준비를 도왔어요.（家で食事の支度を手伝いました。）

なお、입다（着る）、잡다（つかむ）などはㅂ変格用言ではなく、입습니다（着ます）、입으면（着れば）、입어요（着ます）のように規則的に変化する。

1-1 次の用言を活用させてみましょう。

基本形	意味	−습니다.	−(으)면	−아/아요.
입다	着る			
잡다	つかむ			
즐겁다	楽しい			
맵다	辛い			
돕다	手伝う			

1-2 日本語を参考に、適当な表現を書いてみましょう。

1）설날에 한복을 お正月に韓服を着ます。

2）이번 여행은 今度の旅行は楽しいと思います。

3）어제 먹은 김치는 昨日食べたキムチは辛かったですか。

4）일요일에 엄마를 日曜日に母親を手伝いました。

2 -(으)ㄹ게요 ～ますね、～ますから

「-(으)ㄹ게요」は、「～ますね、～ますから」という、話し手が行うことの約束、または告知を表す。母音語幹には「-ㄹ게요」、子音語幹には「-을게요」が付く。また、ㄹ語幹は、語幹末の「ㄹ」が落ちてから、「-ㄹ게요」が付く。なお、発音は[-(으)ㄹ께요]である。

가다 (行く)	가	+	ㄹ게요	→	갈게요
입다 (着る)	입	+	을게요	→	입을게요
놀다 (遊ぶ)	노 (ㄹ脱落)	+	ㄹ게요	→	놀게요

저 먼저 갈게요. (私、先に帰りますね。)
내일은 원피스를 입을게요. (明日はワンピースを着ますから。)
제가 동생이랑 놀게요. (私が弟／妹と遊びますから。)

2-1 보기 (例) にならって文を作り、読んでみましょう。

보기 레포트／쓰다 → 레포트를 쓸게요.

1）기타／배우다 →

2）신문／읽다 →

3）선생님／돕다 →

4）불고기／만들다 →

3 −다가 〜ていて、〜ている途中で

「−다가」は、「〜ていて、〜ている途中で」という意味で、何かをしている途中で別の行動に移ったり、他の状態に変わることを表す。語幹に直接「−다가」が付く。

읽다（読む）	읽	＋	다가	→	읽다가
공부하다（勉強する）	공부하	＋	다가	→	공부하다가

소설책을 읽다가 잠이 들었습니다.
（小説を読んでいて（その途中で）眠ってしまいました。）

공부하다가 모르는 게 있으면 질문할게요.
（勉強していて（その途中で）分からないことがあったら質問しますね。）

3-1 보기（例）にならって文を作り、読んでみましょう。

보기 산책을 하다／우연히 친구를 만나다
→ 산책을 하다가 우연히 친구를 만났어요.

1）신발을 신다, 넘어지다

→

2）영화를 보면서 울다, 웃은 적이 있다

→

3）길을 걷다, 돈을 줍다

→

4）비가 내리다, 그치다

→

「−다가」は過去の形「−았/었다가」で用いることもある。この場合は、動作や状態がいったん完了して別の動作や状態に移ったことを表す。

친구한테 메일을 썼다가 지웠어요.（友だちにメールを書いたけど、消しました。）

응용연습 （応用練習）

次の文を韓国語で書いて、読んでみましょう。

1）ソウルか釜山に行ってみたいですが。

2）タッカルビが辛かったけど、おいしかったです。

3）私は寒い冬が好きですが、皆さんはどうですか。

4）今日は私が部屋の掃除をしますから。

5）銀行に行く途中で、友だちに会いました。

B 次の文を読んで、質問に答えてみましょう。 38

일요일에 동생이랑 쇼핑하러 갔습니다. 우리는 가게에서 가방도 들어 보고 옷도 입어 봤습니다. 저는 치마를 샀지만 동생은 아무것도 안 샀습니다. 날씨가 더워서 카페에 가서 아이스커피를 마시고 수다를 떨었습니다. 수다를 떨다가 저녁 시간이 돼서 집에 돌아왔습니다. 오늘은 참 즐거운 하루였습니다.

1）가게에서 뭐 했어요?

2）날씨는 어땠어요?

3）카페에서 뭐 했어요?

隣の人と相談し、買い物したいお店を決め、二人で客と店員になって、買い物のやり取りをしてみましょう。

〈점원〉
어서오세요.
뭐 찾으세요?
몇 개 드릴까요?
계산은 어떻게 하시겠어요?

〈손님〉
○○○ 있어요?
이거 얼마예요?
○○ 주세요.
다른 건 없어요?
카드로 계산할게요.

〈성격（性格）〉

온화하다（穏やかだ）	밝다（明るい）	어둡다（暗い）
성실하다（誠実だ）	착하다（優しい、善良だ）	과묵하다（寡黙だ）
소탈하다（気さくだ）	친절하다（親切だ）	엄격하다（厳格だ、厳しい）
얌전하다（大人しい）	꼼꼼하다（几帳面だ）	급하다（短気だ）

제 십이 과 (12)

지금은 다 나았습니다.

▼解説動画

39

오가와 선생님께

안녕하십니까?

날씨가 아직 더운데,

잘 지내세요?

저는 이번 방학에 서울에 갔다 왔거든요.

구경도 하고 쇼핑도 하고 참 즐거웠습니다.

그런데 여행을 하다가 감기에 걸렸어요.

목도 많이 붓고 열도 났지만 지금은 다 나았습니다.

선생님도 감기 조심하세요.

안녕히 계세요. 김수진 드림

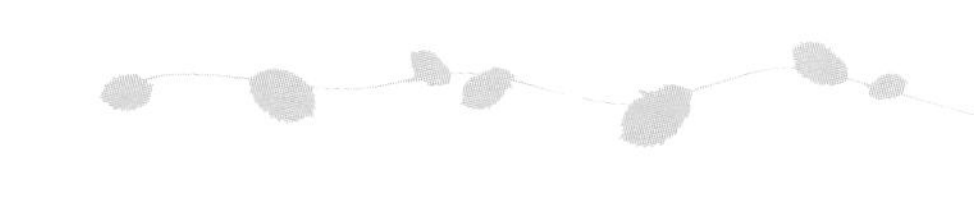

40

-께	～に。「-에게, -한테」の尊敬形
이번	今度の、今回の
쇼핑	買い物、ショッピング
감기에 걸리다	風邪をひく
붓다	腫れる〈ㅅ変格〉
나다	出る
조심하다	気をつける
드림	拝
날씨	天気
-거든요	～んですよ、～ものですから
즐겁다	楽しい〈ㅂ変格〉
목	喉、首
열	熱
낫다	治る〈ㅅ変格〉
-(으)세요	～てください

文法

1 ㅅ(시옷)変格用言

語幹が「ㅅ」で終わる用言の中には、「으」や「아/어」で始まる語尾の前では、「ㅅ」が脱落するものがある。

基本形	語幹	-으活用	-아/어活用
붓다 (腫れる)	붓	부으	부어
낫다 (治る)	낫	나으	나아

목이 많이 부었어요. (喉がかなり腫れました。)
감기가 다 나으면 놀러 가요. (風邪がすっかり治ったら、遊びに行きましょう。)

なお、웃다 (笑う)、씻다 (洗う) などはㅅ変格用言ではなく、웃습니다 (笑います)、웃으면 (笑えば)、웃어요 (笑います) のように規則的に変化する。

1-1 次の用言を活用させてみましょう。

基本形	意味	-습니다.	-(으)면	-아/어요.
웃다	笑う			
씻다	洗う			
짓다	建てる			
젓다	かき混ぜる			
잇다	つなぐ			

1-2 日本語を参考に、適当な表現を書いてみましょう。

1) 집에 오면 손을 깨끗이 ＿＿＿＿ 家に帰ったら、手を綺麗に洗いましょう。

2) 에펠탑은 언제 ＿＿＿＿ 거예요? エッフェル塔はいつ建てたものですか。

3) 점과 점을 ＿＿＿＿ 선이 됩니다. 点と点をつなぐと線になります。

4) 스푼으로 ＿＿＿＿ 드세요. スプーンでかき混ぜてお召し上がりください。

2 -거든요　～んですよ、～ものですから

「-거든요」は、「～んですよ、～ものですから」という意味で、後続する話の前提や述べたことの根拠などを表す。語幹に触接「-거든요」が付く。発音は[-거든뇨]である。
なお、過去の事態においては、「-았/었 거든요」になる。

가다（来る）	가	+	거든요	→	가거든요
끝났다（終わった）	끝났	+	거든요	→	끝났거든요

토요일에 제가 가거든요. 같이 갈까요?
（土曜日に私が行くんですよ。一緒に行きましょうか。）

조금 늦을 것 같아요. 수업이 늦게 끝났거든요.
（少し遅れそうです。授業が延びたものですから。）

2-1 보기（例）にならって「-거든요」文を作り、読んでみましょう。

보기　지금 바쁘다, 이따가 얘기합시다.
→ 지금 바쁘거든요. 이따가 얘기합시다.

1）감기가 안 나았다, 다음 주에 만나요.

→

2）여기는 날씨가 춥다, 거기는 어때요?

→

2-2 보기（例）にならって「-았/었거든요」の文を作り、言ってみましょう。

보기　가：피곤해 보여요.　(어제 늦게까지 공부하다)
→ 나：어제 늦게까지 공부했거든요.

1）가：처음 보는 옷이네요.　(네, 이번에 새로 사다)

나：

2）가：시험 잘 봤어요?　(아뇨, 문제가 어렵다)

나：

3 -(으)세요 ～てください（丁寧な命令）

「-(으)세요」は、「～てください」に相当する意味で、해요体の丁寧な命令形である。母音語幹には「-세요」、子音語幹には「-으세요」が付く。また、ㄹ語幹は、語幹末の「ㄹ」が落ちてから、「-세요」が付く。なお、합니다体の丁寧な命令形は「-(으)십시오」である。

기다리다（待つ）	기다리	+	세요	→	기다리세요
앉다（座る）	앉	+	으세요	→	앉으세요
팔다（売る）	파（ㄹ脱落）	+	세요	→	파세요

잠시만 기다리세요.（少々お待ちください。）
이쪽으로 앉으세요.（こちらへお掛けください。）
많이 파세요.（たくさん売ってください。）

3-1 보기（例）にならって文を作り、隣の人と話してみましょう。

보기 가：시간이 없어요.　(택시를 타다)
→ 나：택시를 타세요.

1）가：칠판 글씨가 안 보여요.　(안경을 쓰다)
나：

2）가：비가 올 것 같아요.　(우산을 가지고 가다)
나：

3）가：연휴에 한국 친구가 놀러 와요.　(아사쿠사에 가 보다)
나：

4）가：날씨가 추워서 감기에 걸렸어요.　(푹 쉬다)
나：

응용연습 （応用練習）

次の文を韓国語で書いて、読んでみましょう。

1）薬を飲んですっかり治りました。

2）この家は10年前におじいさんが建てた家です。

3）今日は行けません。お腹を壊したものですから。（お腹を壊す：배탈이 나다）

4）大学の4年間、たくさんの経験をしてみてください。

5）先生に韓国語でメールを書いてください。

次の文を読んで、答えに合うように、適当な質問を作ってみましょう。 41

지난주에 감기에 걸려서 3일 동안 집에 있었습니다. 머리가 아프고 목도 아프고 열도 38도였습니다. 첫째 날은 집에서 쉬었는데 낫지 않아서, 둘째 날에는 병원에 갔습니다. 의사가 처방전을 지어 줬습니다. 약을 먹고 푹 잤습니다. 셋째 날에는 많이 좋아졌습니다.

1）질문：

대답：지난주에 감기에 걸렸어요.

2）질문：

대답：머리랑 목도 아프고 열도 났어요.

3）질문：

대답：네, 둘째 날에 갔어요.

以下の内容を中心に自分の経験を書き、話してみましょう。

・감기에 걸렸을 때 어떻게 합니까?

・병원에 입원한 적이 있어요?

・일본의 민간요법（民間療法）을 소개해 봅시다.

〈身体名詞〉

① 머리(頭)	② 눈(目)	③ 코(鼻)	④ 입(口)
⑤ 귀(耳)	⑥ 목(首)	⑦ 어깨(肩)	⑧ 가슴(胸)
⑨ 배(お腹)	⑩ 허리(腰)	⑪ 팔(腕)	⑫ 손(手)
⑬ 무릎(膝)	⑭ 다리(脚)	⑮ 발(足)	⑯ 몸(体)

〈病気と症状に関する表現〉

아프다(体調が悪い)
다치다(怪我する)
약을 먹다(薬を飲む)
주사를 맞다(注射を打たれる)
감기에 걸리다(風邪をひく)
상처가 나다(傷ができる)
열이 나다(熱が出る)
배탈이 나다(お腹を壊す)
코피가 나다(鼻血が出る)
여드름이 나다(ニキビができる)

제 십삼 과 (13) 관심은 있는데 잘 몰라요.

▼解説動画

42

수진: 혹시 한국 음식에 관심이 있어요?

겐타: 네, 관심은 있는데 잘 몰라요.

수진: 다음 주에 한국 음식 축제가 있잖아요.
그래서 거기에 가려고 해요.

겐타: 그래요? 재미있겠다! 거기 가면 한국
음식을 맛볼 수도 있어요?

수진: 그럼요. 그리고 일본 음식과는 많이
달라서 재미있을 거예요.

43

혹시	ひょっとして、もし	관심	関心、興味
모르다	知らない〈르変格〉	다음 주[다음쭈]	来週
축제	祭り、祝祭	-잖아요	〜じゃないですか
-(으)려고 하다	〜ようと思う／する	재미있겠다	楽しそう、面白そう
맛보다	味わう、体験する	그럼요[그럼뇨]	もちろんです
그리고	そして、また	다르다	違う、異なる〈르変格〉

1 르変格用言

語幹が「르」で終わる用言の多くは、「아/어」で始まる語尾の前では、語幹「르」の母音「ㅡ」が脱落し、「르」の前の母音が「ㅏ、ㅗ」だと、「ㄹ라」になり、「ㅏ、ㅗ」以外だと「ㄹ러」になる。

基本形	語幹	−으活用	−아/어活用
모르다（知らない）	모르		몰라
부르다（歌う、呼ぶ）	부르		불러

영상 편집에 관심은 있는데 잘 몰라요.（動画編集に興味はあるけど、よく知りません。）
노래방에서 동아리 친구들과 노래를 불렀어요.
（カラオケでサークルの友だちと歌を歌いました。）

1-1 次の用言を活用させてみましょう。

基本形	意味	−ㅂ니다.	−(으)면	−아/어요.
다르다	違う			
고르다	選ぶ			
누르다	押す			
기르다	飼う			
빠르다	速い			

1-2 日本語を参考に、適当な表現を書いてみましょう。（文末は해요体で）

1）중국어는 잘　　　　　　　　　中国語はよく分かりません。

2）마음에 드는 것을　　　　　　　気に入ったのを選んでみてください。

3）장소가　　　　　　못 만났어요.　場所が違っていて、会えませんでした。

4）집에서 거북이를　　　　　　　家でカメを飼っていますか。

2 −잖아요　～じゃないですか

「−잖아요」は、「～じゃないですか」の意味で、話し手が思っていることを相手に確認をする表現である。語幹に直接「−잖아요」が付く。なお、過去の事態においては、「−았/었잖아요」になる。

오다（来る）	오	+	잖아요	→	오잖아요
어제였다（昨日だった）	어제였	+	잖아요	→	어제였잖아요

고등학교 수학여행으로 일본에 많이 오잖아요.

（高校の修学旅行で日本にたくさん訪れるじゃないですか。）

"경제학입문" 리포트 마감일은 어제였잖아요.

（「経済学入門」のレポートの締め切り日は昨日だったじゃないですか。）

2-1 보기（例）にならって文を作り、隣の人と話してみましょう。

보기 가：왜 그렇게 기분이 좋아요?（오랜만에 영화를 보다）
→ 나：오랜만에 영화를 보잖아요.

1）가：이 식당은 사람이 정말 많네요.（음식이 싸고 맛있다）
나：

2）가：이 꽃다발이 뭐예요?（오늘 수진 씨 생일이다）
나：

3）가：오늘 유난히 길이 막히네요.（불꽃 축제가 있다）
나：

4）가：도서관에 자리가 없어요.（시험 기간이다）
나：

3 -(으)려고 하다 ~ようと思う／する

「-(으)려고 하다」は、「~ようと思う／する」という意味で、話し手の意図を表す。母音語幹とㄹ語幹には「-려고 하다」、子音語幹には「-으려고 하다」が付く。

사다 (買う)	사	+	려고 하다	→	사려고 하다
읽다 (読む)	읽	+	으려고 하다	→	읽으려고 하다
걸다 (かける)	걸	+	려고 하다	→	걸려고 하다

돈을 모아서 노트북을 사려고 합니다.

(お金を貯めてノートパソコンを買おうと思います。)

이번 휴가 때는 추리 소설을 읽으려고 해요.

(今度の休暇には、推理小説を読もうと思います。)

저도 방금 선배한테 전화 걸려고 했어요.

(私もたった今、先輩に電話をかけようとしたところです。)

3-1 보기（例）にならって文を作り、隣の人と話してみましょう。

보기 가:주말에 뭐 할 거예요? (집에서 쉬다)
→ 나:집에서 쉬려고 해요.

1) 가 : 오늘 저녁에 뭐 할 거예요? (내일 시험 공부를 하다)

나 :

2) 가 : 축제 때 뭐 할 거예요? (후배들과 음식을 팔다)

나 :

3) 가 : 한국에 가면 뭐 하고 싶어요? (전통 문화 체험을 하다)

나 :

4) 가 : 가을이 오면 뭐 하고 싶어요? (단풍 여행을 가다)

나 :

응용연습 （応用練習）

次の文を韓国語で書いて、読んでみましょう。

1）夕食にスンドゥブチゲを食べようと思います。

2）新幹線はとても速いので、すぐ着きます。

3）留学説明会は6階じゃないですか。

4）日本語と英語の文法はかなり違います。

5）名前は知っているけど、苗字は知りません。

次の文を読んで、質問に答えてみましょう。 44

한국의 대학 축제는 주로 5월에 열립니다. 학과나 동아리가 전시회도 하고 연극도 하고 음식도 팝니다. 그때는 졸업생들도 많이 와서 같이 어울립니다. 분위기가 평소와는 달라서 즐겁습니다. 무엇보다도 연예인들의 공연은 인기가 많고 큰 이벤트 중의 하나입니다. 오랜만에 내년에는 대학 축제에 가 보려고 합니다.

1）한국의 대학 축제는 언제 열려요?

2）학과나 동아리는 뭐 해요?

3）이 사람은 올해 학교 축제에 참가했어요?

C 隣の人とペアを組み、料理について話し合ってみましょう。

・좋아하는 음식이 뭐예요?

・만들 수 있어요? 어떻게 만들어요?

・일본 음식 중에서 제일 유명한 것은 뭐예요?

・

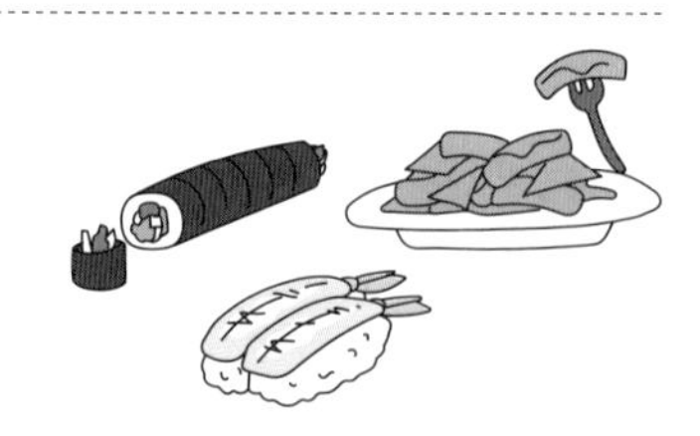

제3회 읽기 & 쓰기

읽어 봅시다

45

설 날

지난 설 연휴에 우리 가족은 부산에 있는 할아버지 댁에 갔습니다. 우리 집은 서울에 있기 때문에 보통 때는 친척들을 자주 만나지 못합니다. 우리 가족은 설 전날 오후 3시쯤에 할아버지 댁에 도착했습니다.

설날 아침에 한복을 입고 차례를 지냈습니다. 그리고 어른들께 세배를 했습니다. 그런데 어린 조카가 절을 하다가 넘어졌습니다. 그 모습을 보고 가족 모두가 크게 웃었습니다. 할아버지께서는 세배를 받으신 후에 세뱃돈을 주셨습니다. 그 후에 식구들하고 같이 떡국과 잡채, 식혜 등 맛있는 음식을 많이 먹었습니다. 설날 아침에 떡국을 먹는 것에는 한 해 동안 재물이 풍성하기를 기원하는 뜻이 있습니다.

식사를 한 후에는 사촌들과 함께 윷놀이도 하고 이야기도 하면서 즐거운 하루를 보냈습니다.

46

설날[설랄]	元旦。설：お正月、元旦	지난	この間の
연휴	連休	댁	自宅、お宅
-기 때문에	～ので	친척	親戚
전날	前日	도착하다	到着する
차례를 지내다	祭祀を行う	어른	大人
세배	新年の挨拶	조카	甥・姪
절을 하다	お辞儀をする	넘어지다	転ぶ
모습	姿	크게 웃다	大笑いする
세뱃돈	お年玉	식구	家族
떡국	韓国風のお雑煮	식혜	韓国風の甘酒
등	など	아침	朝
재물	財物	풍성하다	豊富だ
기원하다	祈願する、願う	뜻	意味
사촌	いとこ	윷놀이[윤노리]	韓国のすごろくの一種

3-1 **P81の文を読んで、次の質問に韓国語で答えてみましょう。**

1）우리 가족은 왜 친척들을 자주 만나지 못합니까?

2）설날 아침에 한복을 입은 후에 무엇을 했습니까?

3）설날에 어떤 음식들을 먹었습니까?

4）설날에 떡국을 먹는 것에는 어떤 의미가 있습니까?

5）사촌들과 무엇을 하면서 놀았습니까?

써 봅시다

3-2 日本の年末年始（大晦日～お正月）の風習・様子について紹介してみましょう。

뭐 해요？ 음식 놀이 세뱃돈 등 등

제십사과 (14)

한국어로 검색할 줄 아세요?

▼解説動画

47

(도서관에서)

겐타： 죄송한데요, 한국 문화에 관한 책은 어디에 있는지 아세요?

직원： 지하 1층에 있습니다.

겐타： 고맙습니다. (10분 후)
근데 책을 아무리 찾아도 없네요.

직원： 그래요? 혹시 한국어로 검색할 줄 아세요?

겐타： 아뇨, 모르는데요.

직원： 그럼 제가 검색해 드릴까요?

겐타： 네, 좀 도와 주세요.

48

죄송한데요	すみませんが	−에 관한	～に関する、～についての
−는지	～のか	직원	職員
지하	地下	층	～階（漢字語数詞＋층）
고맙습니다	ありがとうございます	아무리＋−아/어도	いくら・どんなに～ても
검색하다	検索する	−(으)ㄹ 줄 알다	～ことができる
−아/어 드리다	～て差し上げる	돕다	手伝う、助ける〈ㅂ変格〉
−아/어 주세요	～てください		

1 -(으)ㄹ 줄 알다／모르다　～ことができる／できない

「-(으)ㄹ 줄 알다/모르다」は、「～ことができる／できない」の意味で、ある行為の方法を知っているのかどうかという技能の有無を表す。母音語幹には「-ㄹ 줄 알다/모르다」、子音語幹には「-을 줄 알다/모르다」が付く。また、ㄹ語幹は、語幹末の「ㄹ」が落ちてから、「-ㄹ 줄 알다/모르다」が付くので、形は語幹のままである。

타다（乗る）	타	+	ㄹ 줄 알다/모르다	→	탈 줄 알다/모르다
읽다（読む）	읽	+	을 줄 알다/모르다	→	읽을 줄 알다/모르다
만들다（作る）	만드（ㄹ脱落）	+	ㄹ 줄 알다/모르다	→	만들 줄 알다/모르다

스키를 탈 줄 알아요.（スキーをすることができます。）
한글을 읽을 줄 아세요?（ハングルを読むことができますか。）
떡볶이를 만들 줄 몰라요.（トッポッキを作ることができません。）

1-1 보기（例）にならって文を作り、隣の人と話してみましょう。

보기 우체국에서 짐을 부치다
→ 가：우체국에서 짐을 부칠 줄 아세요?
　 나：아뇨, 부칠 줄 몰라요.

1）한글로 키보드를 치다
　가：　　　　　　　　나：

2）현금 인출기에서 돈을 찾다
　가：　　　　　　　　나：

3）국제 전화를 걸다
　가：　　　　　　　　나：

4）빵을 굽다
　가：　　　　　　　　나：

2 -는지, -(으)ㄴ지　～のか

「-는지, -(으)ㄴ지」は、文中で「～のか」という疑問を表し、ある事実を確認するときに用いる。「現在連体形＋지」の形で、動詞・存在詞は語幹に「-는지」、形容詞・指定詞は「-(으)ㄴ지」が付く。後ろに、「알다（分かる）」「모르다（分からない）」が続くことが多い。なお、過去の事態においては、品詞に関わらず「-았/었는지」になる。

오다（来る）	오	+	는지	→	오는지
많다（多い）	많	+	은지	→	많은지
지었다（建てた）	지었	+	는지	→	지었는지

누가 오는지 몰라요.（誰が来るのか分かりません。）
왜 이렇게 사람이 많은지 아세요?（なぜこんなに人が多いのかご存知ですか。）
저 건물은 누가 지었는지 모르겠어요.（あの建物は誰が建てたのか分かりません。）

2-1 보기（例）にならって文を作り、読んでみましょう。

보기 어느 나라 사람이다, 모르겠다
→ 어느 나라 사람인지 모르겠어요.

1）왜 그렇게 비싸다, 모르겠다

→

2）역이 어디에 있다, 알다

→ ?

3）겐타 씨가 어디에 살다, 모르다

→

4）컴퓨터를 누가 껐다, 알다

→ ?

3 -아/어 주세요 ～てください (依頼)

「-아/어 주세요」は、「-아/어 주다」(第4課) に「-(으)세요」(第12課) が付いた形で、「～てください」という意味の依頼表現である。語幹末の母音が「ㅏ, ㅗ, ㅑ」のときは「-아 주세요」、それ以外の母音は「-어 주세요」が付く。また、하다用言は「-여 주세요」が付く。なお、합니다体は「-아/어 주십시오」である。

잡다 (つかむ)	잡	+	아 주세요	→	잡아 주세요
기다리다 (待つ)	기다리	+	어 주세요	→	기다려 주세요
추천하다 (勧める)	추천하	+	여 주세요	→	추천해 주세요

승객 여러분, 손잡이를 잡아 주세요. (乗客の皆さま、手すりにおつかまりください。)
여기서 잠시만 기다려 주세요. (ここでしばらくお待ちください。)
좋아하는 음악을 추천해 주세요. (好きな音楽を推薦してください。)

3-1 보기 (例) にならって文を作り、読んでみましょう。

보기 짐이 무겁다, 택배로 보내다
→ 짐이 무거워요. 택배로 보내 주세요.

1) 이 단어 발음이 어렵다, 가르치다

→

2) 옷이 좀 크다, 작은 것으로 바꾸다

→

3) 마음에 안 들다, 다른 색으로 보이다

→

4) 지금은 좀 바쁘다, 오후에 전화하다

→

응용연습 （応用練習）

次の文を韓国語で書いて、読んでみましょう。

1）妹は、韓国語で歌を歌うことができます。

2）課題の提出がいつまでなのかご存じですか。

3）どれくらい歩いたのか分かりません。

4）教室の明かりを消してください。

5）おじいさんにパソコンの使い方を教えて差し上げました。

次の文を読んで、質問に答えてみましょう。 49

지난주 일요일에 국회도서관에 갔습니다. 국회도서관은 처음이었는데 정말 책이 많이 있었습니다. 처음에는 인터넷으로 한국 전통 음악에 관한 책을 찾았습니다. 그런데 아무리 찾아도 책이 어디에 있는지 몰라서 도서관 직원에게 물어봤습니다. 직원은 아주 친절하게 가르쳐 주셨습니다. 내가 찾던 책은 2층 열람실에 있었습니다.

*–던：～していた…

1）언제 국회도서관에 갔어요?

2）거기서 무슨 책을 찾았어요?

3）그 책은 어디에 있었어요?

–에 관한, –에 대한の形式は、「～に関する、～についての」という意味で、名詞を修飾するときに用いる。なお、–에 관해서, –에 대해서の形式は、「～に関して、～について」の意味で、後ろに用言が続く。

한국 문화에 관한 책이 많아요.（韓国の文化に関する本が多いです。）

한국 문화에 관해서 리포트를 썼어요.（韓国の文化に関してレポートを書きました。）

「-(으)세요」か「-아/어 주세요」を使って、隣の人と話してみましょう。

점원：어서 오세요. 여기에 앉다. (앉으세요.)

손님：메뉴 좀 보이다. (보여 주세요.)

점원：네, 여기 있습니다.

손님：이거하고 이거 ① 주다. (　　　　　　　　　)

점원：여기서 드시겠습니까?

손님：아뇨, ② 포장하다. (　　　　　　　　　)

점원：네, 알겠습니다. 다 같이 포장할까요?

손님：아뇨, 따로따로 ③ 싸다. (　　　　　　　　　)

점원：감사합니다. 계산은 어떻게 해 드릴까요?

손님：카드로 ④ 계산하다. (　　　　　　　　　)

점원：감사합니다. 또 ⑤ 오다. (　　　　　　　　　)

いろいろなお店を想定し、やり取りしてみましょう。(P.99参考)

제 14 과

제 십오 과 (15)

휴대폰을 꺼야 해요?

▼解説動画

50

직원: 손님, 영화 표 보여 주세요.

겐타: 아, 여기 2장이요.

수진: 우리가 볼 영화가 이번에 상 받은 영화죠?

겐타: 네, 맞아요. 올해의 작품상이잖아요.

수진: 그래서 사람들이 많이 와 있군요.

겐타: 근데 휴대폰은 껐어요?

수진: 아뇨, 꺼야 해요? 진동으로 하면 안 돼요?

겐타: 그래도 역시 끄는 게 좋을 것 같아요.

51

손님	客	영화	映画
표	チケット、票	보이다	見せる
장	～枚（固有語数詞＋장）	이번에	今回
상	賞	받다	受取る、もらう
올해	今年	작품상	作品賞
-아/어 있다	～ている	-군요	～ます（です）ね
휴대폰	携帯電話	끄다	切る、消す
-아/어야 하다	～なければならない	진동	振動、マナーモード
-(으)면 안 되다	～てはいけない	역시	やはり
-는 게 좋다	～したほうがいい		

文法

1 -아/어야 하다　～なければならない

「-아/어야 하다」は、「～なければならない」の意味で、義務や当為を表す表現である。語幹末の母音が「ㅏ, ㅗ, ㅑ」のときは「-아야 하다」、それ以外の母音は「-어야 하다」が付く。また、하다用言は「-여야 하다」が付く。なお、「-아/어야 되다」の形式でも用いる。

많다（多い）	많	+	아야 하다	→	많아야 하다
끄다（切る、消す）	끄	+	어야 하다	→	꺼야 하다

이것보다 양이 많아야 해요?（これより量が多くなければなりませんか。）
영화관에서는 휴대폰을 꺼야 합니다.（映画館では携帯電話を切らなければなりません。）

1-1 보기（例）にならって文を作り、読んでみましょう。

보기　단어를 외우다　→　단어를 외워야 해요.

1）이 역에서 갈아타다　→

2）사전을 찾다　→

3）어머니를 돕다　→

4）머리를 자르다　→

2 -(으)면 안 되다　～てはいけない

「-(으)면 안 되다」は、「～てはいけない」の意味で、禁止を表す表現である。母音語幹とㄹ語幹には「-면 안 되다」、子音語幹には「-으면 안 되다」が付く。

하다（する）	하	+	면 안 되다	→	하면 안 되다
찍다（撮る）	찍	+	으면 안 되다	→	찍으면 안 되다

진동으로 하면 안 돼요?（マナーモードにしてはいけませんか。）
여기서 사진을 찍으면 안 됩니다.（ここで写真を撮ってはいけません。）

なお、「-(으)면 되다」は「～ばいい」という意味で、提案・助言の表現として用いる。

A：어떻게 만들어요?（どうやって作りますか。）
B：이렇게 만들면 돼요.（このように作ればいいです。）

2-1 **보기（例）にならって文を作り、読んでみましょう。**

> **보기** 창문을 닫다 → 창문을 닫으면 안 돼요.

1）담배를 피우다 →

2）과제를 미루다 →

3）도서관에서 떠들다 →

4）여기서 음악을 듣다 →

3 −아/어 있다 〜ている（結果状態）

「−아/어 있다」は、「〜ている」の意味で、ある動作の結果が継続している状態を表す。語幹末の母音が「ㅏ，ㅗ，ㅑ」のときは「−아 있다」、それ以外の母音は「−어 있다」が付く。また、하다用言は「−여 있다」が付く。

오다（来る）	오	+	아 있다	→	와 있다
열리다（開く）	열리	+	어 있다	→	열려 있다

영화관에 사람들이 많이 와 있어요.（映画館に人がたくさん来ています。）
교실 창문이 열려 있어요.（教室の窓が開いています。）

動作の進行･継続を表す「−고 있다」（『チンチャ！チョアヘヨ!! 韓国語1』第10課）とは区別しよう！

낙엽이 떨어지고 있어요.
（落ち葉が落ちています＝落ちつつある）

낙엽이 떨어져 있어요.
（落ち葉が落ちています＝落ちた状態）

3-1 **보기（例）にならって文を作り、読んでみましょう。**

> **보기** 칠판에 이름이 쓰이다 → 칠판에 이름이 쓰여 있어요.

1）학생이 벤치에 앉다 →

2）사람들이 줄 서다 →

3）길가에 돈이 떨어지다 →

4）마당에 눈이 쌓이다 →

응용연습 （応用練習）

 **次の文を韓国語で書いて、読んでみましょう。**

1）本を借りるときは学生証を見せなければなりません。

2）ここでは大きい声で話してはいけません。

3）毎日30分ぐらい予習するといいですよ。

4）授業中に居眠りしてはいけません。

5）テーブルの上に美味しい料理とデザートが置かれています。

 **次の文を読んで、質問に答えてみましょう。** 52

오늘은 친구하고 역사 박물관에 갔습니다. 박물관에는 역사 유물들과 사진 등이 전시되어 있었습니다. 박물관에서는 사진을 찍으면 안 되고 휴대폰도 꺼야 했습니다. 한참 관람을 하고 있는데 친구 휴대폰이 울렸습니다. 우리는 깜짝 놀랐습니다. 친구가 휴대폰 끄는 것을 깜박해서 너무 미안해했습니다. 오늘은 일본의 역사에 대해서도 공부하고 유익한 시간을 보냈습니다.

1）우리는 어디에 갔어요?

2）거기서는 무엇을 하면 안 돼요?

3）친구는 왜 미안해했어요?

 **次の場所でやってはいけないことを、「-(으)면 안 되다」を使って言ってみましょう。**

場所1　교실

場所2　병원

場所3　길거리

・

제 십육 과 (16)

오늘 밤에 전화해도 돼요?

▼解説動画

53

겐타： 내일이 한국어 검정 시험이라서 긴장돼요.

수진： 열심히 했으니까 걱정하지 마세요.

겐타： 그래도 어려운 문제가 많이 나오면 어떡하죠?

수진： 괜찮아요. 평소처럼 하면 돼요.

겐타： 공부하다가 모르는 게 있으면 오늘 밤에 전화해도 돼요?

수진： 네, 언제든지 전화 주세요.

54

검정	検定
열심히	熱心に、一生懸命に
걱정하다	心配する
문제	問題
어떡하다	どうする
-처럼	～のように（比喩）
-아/어도 되다	～てもいい
언제든지	いつでも
-(이)라서	～なので、～だから
-(으)니까	～から、～ので
-지 마세요	～ないでください
나오다	出る
평소	普段
오늘 밤[오늘빰]	今夜
전화하다	電話する

文法

1 -(으)니까 ～から、～ので

「-(으)니까」は、「～から、～ので」の意味で、理由や原因を表す表現である。後ろに相手に働きかける表現、すなわち、命令や勧誘・提案などを伴う場合が多い。母音語幹には「-니까」、子音語幹には「-으니까」が付く。また、ㄹ語幹は、語幹末の「ㄹ」が落ちてから、「-니까」が付く。

걸리다（かかる）	걸리	+	니까	→	걸리니까
있다（ある）	있	+	으니까	→	있으니까
멀다（遠い）	머（ㄹ脱落）	+	니까	→	머니까

감기에 걸리니까 따뜻하게 입으세요.（風邪をひくので暖かくしてください。）
시간이 있으니까 같이 공부합시다.（時間があるので、一緒に勉強しましょう。）
집이 머니까 일찍 가야 해요.（家が遠いから早く帰らなければなりません。）

なお、理由や原因を表す表現には「-아/어서」（『チンチャ！チョアヘヨ‼ 韓国語1』第10課）もあるが、相手に働きかける場合は、「-(으)니까」のみ用いられる。

시간이 있어서 같이 공부합니다.（○）（時間があるので、一緒に勉強します。）
시간이 있어서 같이 공부합시다.（×）（時間があるので、一緒に勉強しましょう。）
→있으니까（○）

1-1 보기（例）にならって文を作り、読んでみましょう。

보기 휴일이다, 집에서 쉴 거예요.
→ 휴일이니까 집에서 쉴 거예요.

1）비가 오다, 택시를 탈까요?

→

2）춥다, 창문을 닫으세요.

→

3）약을 먹었다, 곧 나을 거예요.

→

4）역 근처에 살다, 편리하겠어요.

→

2 −아/어도 되다　～てもいい

「−아/어도 되다」は、「～てもいい」の意味で、許可を表す表現である。語幹末の母音が「ㅏ, ㅗ, ㅑ」のときは「−아도 되다」、それ以外の母音は「−어도 되다」が付く。また、하다用言は「−여도 되다」が付く。

앉다 (座る)	앉	+	아도 되다	→	앉아도 되다
듣다 (聞く)	들	+	어도 되다	→	들어도 되다
전화하다 (電話する)	전화하	+	여도 되다	→	전화해도 되다

이 자리에 앉아도 됩니다. (この席に座ってもいいです。)
제가 먼저 그 노래를 들어도 될까요? (私が先にその歌を聞いてもいいでしょうか。)
오늘 밤에 전화해도 돼요? (今夜電話してもいいですか。)

2-1 보기 (例) にならって文を作り、読んでみましょう。

보기　집 안에서 신발을 신다　→　집 안에서 신발을 신어도 돼요?

1) 자리를 바꾸다　→

2) 병원에서 마스크를 벗다　→

3) 여기서 노래를 부르다　→

4) 이 컵에 물을 붓다　→

3 −지 마세요　～ないでください

「−지 마세요」は、「～ないでください」の意味で、禁止命令を表す表現である。語幹に直接「−지 마세요」が付く。なお、합니다体は「−지 마십시오」である。

걱정하다 (心配する)	걱정하	+	지 마세요	→	걱정하지 마세요
찍다 (撮る)	찍	+	지 마세요	→	찍지 마세요

열심히 했으니까 걱정하지 마세요. (一生懸命やったんだから心配しないでください。)
박물관에서는 사진을 찍지 마십시오. (博物館では写真を撮らないでください。)

3-1 **보기 (例) にならって「-(으)니까」または「- (으)면서」を使って文を作り、読んでみましょう。**

> **보기** 시간이 있다, 걱정하다
> → 시간이 있으니까 걱정하지 마세요.

1) 너무 비싸다, 사다 →

2) 공부하다, 방해하다 →

3) 걷다, 휴대폰을 보다 →

4) 소리내다, 먹다 →

응용연습 (応用練習)

A 次の文を韓国語で書いて、読んでみましょう。

1) 大人が子供のように泣きます。

2) 暗いので明かりを消さないでください。

3) 分からないことがあれば、質問してもいいですか。

4) 明日は試験なので、遅れないでください。

5) ここでは写真を撮ってもいいです。

B 次の文を読んで、質問に答えてみましょう。 55

내일은 한자 검정 시험이 있어서 많이 떨립니다. 너무 긴장돼서 친구한테 전화했습니다. 친구는 걱정하지 말고 평소처럼 하면 된다고 했습니다. 친구의 말을 듣고 힘이 났습니다. 내일은 최선을 다해서 시험을 보려고 합니다. 꼭 2급에 붙었으면 좋겠습니다. 시험에 합격하면 친구들과 축하 파티를 할 겁니다.

＊−지 말고：〜しないで　　−(으)면 된다고 하다：〜ばいいと言う

1) 내일은 무슨 시험이 있어요?

2) 시험은 몇 급을 봐요?

3) 친구가 어떤 말을 해 줬어요?

C 隣の人とペアを組み、アドバイスをしてみましょう。

状況1　내일 시험인데요, 공부를 많이 못 했어요.

状況2　친구가 일본에 놀러 오는데요, 어디를 구경하는게 좋을까요?

状況3　어떻게 하면 한국 친구를 사귈 수 있을까요?

LINE クリエイターズスタンプ

全40種

キムチフレンズ 김치프렌즈

おいしいキムチを目指して日々奮闘する白菜(ペチュ)、きゅうり(オイ)、とうがらし先生(コチュソンセンニム)のくすっと笑えるスタンプです。
キムチフレンズと一緒に韓国語を使ってみよう!!

https://text.asahipress.com/text-web/korean/kimchinyumon/stamp.html

〈いろいろなお店〉

빵집/제과점(パン屋)

치킨집(チキン屋)

카페/커피숍(カフェ)

서점/책방(書店)

햄버거집(ハンバーガー屋)

피자집(ピザ屋)

꽃집(花屋)

선물 가게(お土産屋)

제 십칠 과
(17)

상급에 도전하기로 했어요.

▼解説動画

56

수진: 겐타 씨, 한국어 검정 시험 합격을 축하해요.

겐타: 감사합니다. 수진 씨 덕분이에요.
생각보다 문제가 쉬웠어요.

수진: 그래요? 다음에는 더 높은 레벨에 도전해 보세요.

겐타: 네, 저도 사실은 내년에 상급에 도전하기로 했어요.

수진: 그럼, 다음 시험을 위해서 파이팅!

겐타: 네, 열심히 하겠습니다!

57

합격	合格
덕분	おかげ
쉽다	易しい〈ㅂ変格〉
다음	次
레벨	レベル
사실은	実は
상급	上級
-를/을 위해서	～のために（目的）
열심히 하겠습니다	一生懸命頑張ります
축하해요	おめでとうございます
생각보다	思ったより
그렇다	そうだ〈ㅎ変格〉
높다	高い
도전하다	挑戦する
내년	来年
-기로 하다	～ことにする
파이팅	ファイト、頑張れ

文法

1　-를/을 위해서　～のために（目的）

「-를/을 위해서」は、体言に付いて「～のために」の意味で、後ろに続く内容の目的を表す。用言の場合は、語幹に直接「-기 위해서（～ために）」が付く。

体言：합격（合格）	합격	+	을 위해서	→	합격을 위해서
用言：따다（取る）	따	+	기 위해서	→	따기 위해서

합격을 위해서 열심히 공부했어요.（合格のために、一生懸命勉強しました。）
운전면허를 따기 위해서 학원에 다녀요.（運転免許を取るために、教習所に通います。）

1-1　**보기（例）にならって「-를/을 위해서／-기 위해서」の文を作ってみましょう。**

보기　건강／매일 운동하다　→　건강을 위해서 매일 운동하겠습니다.

1）가족／열심히 일하다　→

2）세계 평화／노력하다　→

3）여행을 가다／돈을 모으다　→

4）취직하다／자격증을 따다　→

2　-기로 하다　～ことにする

「-기로 하다」は、「～ことにする」の意味で、これからしようと決めた内容を聞き手に知らせる表現である。語幹に直接「-기로 하다」が付く。

도전하다（挑戦する）	도전하	+	기로 하다	→	도전하기로 하다
살다（住む）	살	+	기로 하다	→	살기로 하다

내년에는 마라톤 완주에 도전하기로 했어요.
（来年はマラソン完走に挑戦することにしました。）
친구와 학교 근처에 살기로 했어요.（友だちと学校の近くに住むことにしました。）

2-1 보기（例）にならって文を作り、隣の人と話してみましょう。

> **보기** 어디서 공부하다 （도서관）
> → 가：어디서 공부하기로 했어요?
> 나：도서관에서 공부하기로 했어요.

1）몇 시에 만나다 （4시）

가： 나：

2）점심은 뭐 먹다 （라면）

가： 나：

3）어느 동아리에 들어가다 （사진 동아리）

가： 나：

4）언제 한국에 가다 （봄 방학 때）

가： 나：

3 ㅎ（히읗）変格用言

語幹が「ㅎ」で終わる形容詞の多くは、「으」や「아/어」で始まる語尾の前では、語幹末の「ㅎ」が脱落する。また「아/어」で始まる語尾の前では、母音が「ㅐ（一部はㅒ）」に変わる。

基本形	語幹	−으活用	−아/어活用
빨갛다（赤い）	빨갛	빨가	빨개
어떻다（どうだ）	어떻	어떠	어때

크리스마스 선물로 빨간 모자를 받고 싶어요.

（クリスマスプレゼントで赤い帽子をもらいたいです。）

서울에서 먹은 닭갈비 맛이 어땠어요?

（ソウルで食べたタッカルビのお味はどうでしたか。）

하얗다（白い）は、「아/어」で始まる語尾の前では、母音が「애」となる。

눈이 와서 온 세상이 하애요.（雪が降って、世界が真っ白です。）

なお、좋다（良い）、놓다（置く）などはㅎ変格用言ではなく、좋습니다（良いです）、좋으면（良ければ）、좋아요（良いです）のように規則的に変化する。

3-1 次の用言を活用させてみましょう。

基本形	意味	−습니다.	−(으)ㄴ（連体形）	−아/어요.
좋다	良い			
놓다	置く		놓는	
노랗다	黄色い			
파랗다	青い			
까맣다	黒い			
하얗다	白い			
그렇다	そうだ			

3-2 日本語を参考に、適当な表現を書いてみましょう。

1）날씨가 　　　　 놀러 갈게요.　　天気が良ければ遊びに行きますね。

2）하늘이 참 높고 　　　　　　　　空がとても高くて青かったです。

3）거기 날씨가 　　　　 가르쳐 주세요.　　そこの天気はどうなのか教えてください。

4）오늘도 　　　　 눈이 펑펑 내립니다.　　今日も白い雪がこんこんと降っています。

응용연습 (応用練習)

 次の文を韓国語で書いて、読んでみましょう。

1) 期末試験に最善を尽くすことにしました。

2) 私たちの明るい未来のために乾杯しましょう。

3) 先輩の誕生日を祝うために集まりました。

4) 授業が終わった後に会うことにしました。

5) お母さんに黄色いセーターをプレゼントしました。

 次の文を読んで、質問に答えてみましょう。 58

지난번에 본 한국어 검정 시험 결과가 나왔는데 다행히 3급에 붙었습니다. 너무 기뻐서 바로 친구한테 전화했습니다. 친구도 축하해 주었습니다. 내일은 친구를 만나서 합격 축하 파티를 하기로 했습니다. 맛있는 요리도 먹고 영화도 보려고 합니다. 앞으로 매일 30분씩 공부해서 다음에는 꼭 2급에 합격하고 싶습니다. 오늘도 2급 합격을 위해서 열심히 공부하겠습니다.

1) 지난번에 본 시험 결과는 어땠어요?

2) 내일은 뭐 해요?

3) 앞으로의 계획이 뭐예요?

 ペアを組み、Aの誘いをBはいろいろな理由で断ってみましょう。

A：○○씨, 일요일에 같이 영화 보러 가요.

B：미안해요. 친구랑 도서관에 가기로 했거든요.

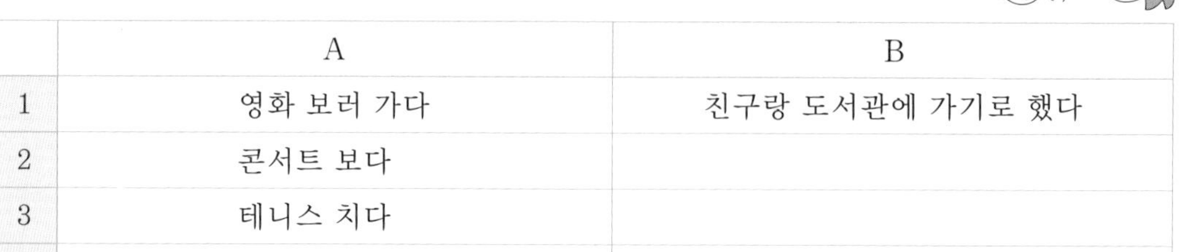

	A	B
1	영화 보러 가다	친구랑 도서관에 가기로 했다
2	콘서트 보다	
3	테니스 치다	
4		

〈속담 (ことわざ)〉

가는 말이 고와야 오는 말이 곱다	売り言葉に買い言葉
누워서 떡 먹기	朝飯前
도토리 키 재기	どんぐりの背比べ
돌다리도 두드려보고 건넌다	石橋をたたいて渡る
뛰는 놈 위에 나는 놈 있다	上には上がある
발등에 불이 떨어지다	尻に火が付く
비 온 뒤에 땅 굳는다	雨降って地固まる
세 살 버릇 여든까지 간다	三つ子の魂百まで
우물 안 개구리	井の中の蛙
원숭이도 나무에서 떨어진다	猿も木から落ちる
천 리 길도 한 걸음부터	千里の道も一歩から
티끌 모아 태산	ちりも積もれば山となる

제 십팔 과 (18)

나와 한국어

▼解説動画

59

나는 고등학교 때 한 케이팝 아이돌 매력에 푹 빠졌다. 그때부터 한국어에 관심은 있었지만 대학교에 들어와서 본격적으로 공부하게 됐다. 이번 방학 때 한국에 가서 어학연수를 받는다. 처음으로 혼자 해외로 떠나기 때문에 설레면서도 조금 불안하다. 한국 사람이 하는 말을 알아들을 수 있을지 걱정이다. 하지만 2년 동안 갈고닦은 한국어 실력을 실제로 써 볼 수 있는 좋은 기회이다. 어떤 세계가, 그리고 어떤 사람들이 나를 기다리고 있을지 기대된다.

60

케이팝	K-POP
푹 빠지다	すっかりハマる
그때	そのとき
본격적	本格的
어학연수	語学研修
혼자	一人で
떠나다	発つ
설레다	わくわくする、ときめく
알아듣다	聞き取る〈ㄷ変格〉
갈고닦다	磨きあげる
실제로	実際に
기회	機会
세계	世界
매력	魅力
-았/었다	～た〈한다体〉
들어오다	入る
-게 되다	～ようになる
-ㄴ/는다, -다	～る、～い、～だ〈한다体〉
해외	海外
-기 때문에	～ので
불안하다	不安だ
하지만	しかし
실력	実力
쓰다	使う
어떤	どんな
기다리다	待つ

文法

1 -기 때문에　～ので

「-기 때문에」は、「～るので」の意味で、原因・理由を表す。語幹に直接「-기 때문에」が付く。また、体言には「때문에（のせいで）」を付けて用いる。

用言：떠나다（発つ）	떠나	+	기 때문에	→	떠나기 때문에
体言：리포트（レポート）	리포트	+	때문에	→	리포트 때문에

혼자 해외로 떠나기 때문에 조금 불안해요.（一人で海外に発つので少し不安です。）
리포트 때문에 한숨도 못 잤어요.（レポートのせいで一睡もできなかったです。）

1-1　보기（例）にならって「-기 때문에／때문에」の文を作ってみましょう。

보기　온천이 유명하다／관광객이 많다
→　온천이 유명하기 때문에 관광객이 많아요.

1）날씨가 안 좋다／경기가 취소됐다　→

2）최선을 다했다／후회는 없다　→

3）도로 공사／길이 막히다　→

4）발표 준비／바쁘다　→

2 한다体

「한다体」は、主に小説や新聞など、文章に用いる文体であるが、一部会話でも用いる。日本語の「だ・である体」に相当する。

〈韓国語の用言の文体〉

話しことば	합니다体	かしこまった文体で、公的な場面やニュースなどで多く用いる	갑니다（行きます）
	해요体	柔らかくて親しみのある文体で、日常生活で多く用いる	가요（行きます）
書きことば	한다体	主に文章に用いる文体で、書きことばの基本的な文体	간다（行く）

話しことばには、目下や親しい間柄で広く用いるぞんざいな文体の「해体」もある。

動詞は、語幹によって2通りの形を使い分ける。母音語幹には「-ㄴ다」、子音語幹には「-는다」が付く。また、ㄹ語幹は、語幹末の「ㄹ」が落ちてから、「ㄴ다」が付く。

	基本形	語幹	語尾	한다体：平叙形
母音語幹	설레다（わくわくする）	설레	**-ㄴ다**	설렌다
子音語幹	받다（受取る）	받	**-는다**	받는다
ㄹ語幹	놀다（遊ぶ）	노（ㄹ脱落）	**-ㄴ다**	논다

形容詞、存在詞、指定詞は、基本形と同じである。

	基本形	語幹	語尾	한다体：平叙形
形容詞	예쁘다（かわいい）	예쁘	**-다**	예쁘다
存在詞	있다（ある、いる）	있	**-다**	있다
指定詞	-이다（～だ）	-이	**-다**	-이다

なお、過去や予期を表す場合は、「-았/었-」や「-겠-」などの後ろに「다」が付く。

케이팝 아이돌 매력에 푹 빠졌다.（K-POPアイドルの魅力にすっかりハマった。）
앞으로도 한국어 공부를 계속하겠다.（これからも韓国語の勉強を続けるつもりだ。）

2-1　次の用言を「한다体」に変えてみましょう。

基本形	意味	現在形の한다体： -ㄴ/는다, -다	過去形한다体： -았/었다
보다			
읽다			
알다			
멀다			
재미있다			
걱정이다			
공부하다			
친하다			

응용연습 (応用練習)

次の文を「한다体」で書いて、読んでみましょう。

1）明日は試験があるので、今日は早く寝る。

2）風邪のせいで頭が痛くて、薬を飲んだ。

3）雪のせいで、多くの交通機関が止まった。

4）辛い物は好きではないので、キムチはあまり食べない。

5）地球温暖化のせいで、異常気象が増えている。

次の文を読んで、質問に答えてみましょう。 61

나는 한국과 관련된 일에 종사하는 것이 꿈이다. 여행을 좋아하기 때문에 관광 업계에 취직할 수 있었으면 좋겠다. 그러기 위해서 한국어뿐만 아니라 여행과 관련된 자격증도 딸 생각이다. 대학 생활은 생각보다 너무 바쁘지만 시간을 아껴서 졸업하기 전에 많은 것을 경험하고 싶다. 그 경험을 살려서 내 꿈을 이루고 싶다.

1）내 꿈은 뭐예요?

2）왜 관광업계에 취직하고 싶어요?

3）꿈을 이루기 위해서 뭐 해요?

皆さんの夢を「한다体」で書いて、隣の人と話してみましょう。

제4회 읽기 & 쓰기

읽어 봅시다

62

습관*

한국 속담에는 '세 살 버릇 여든까지 간다' 라는 말이 있는데 한번 몸에 익은 습관은 좀처럼 고치기 힘들다는 의미이다. 그럼에도 불구하고 우리는 자기 삶의 변화에 따라 새로운 습관을 만들기 위해 노력한다. 특히 새해가 되면 우리들은 독서나 운동, 외국어 공부 등 여러 목표를 세운다. 그런 계획들을 보고 있으면 이번에는 꼭 이룰 수 있을 것만 같은 자신감이 생긴다. 하지만 사실 그것을 제대로 달성하는 사람은 별로 없는 것 같다.

그렇다면 습관을 바꾸기 위해서 어떻게 하면 좋을까? 먼저 계획을 현실적으로 세워야 한다. 달성 가능하고 구체적이어야 한다. 다음으로 행위 자체에서 보상을 찾아야 한다. 완전한 성공이나 눈에 띄는 성장만을 동기로 삼으면 도중에 포기하기 쉽다. 그렇기 때문에 오늘도 습관을 바꾸기 위해서 노력했다는 자기 긍정감을 보상으로 생각하는 것이 중요하다. 마지막으로 새해에 무조건 습관을 바꾸려고 계획을 세우는 것이 아니라 습관을 바꿔야 한다는 생각이 들었을 때 그때그때 계획을 세워 실천하는 것이 좋다.

*2022年度大学入学共通テスト「韓国語」第4問一部抜粋修正

습관	習慣	속담	ことわざ
몸에 익다	身につく	좀처럼	なかなか
고치다	直す	-기 힘들다	～にくい
의미	意味	그럼에도 불구하고	それにもかかわらず
삶	人生	변화	変化
-에 따라	～によって	새롭다	新しい
노력하다	努力する	독서	読書
목표	目標	이루다	成し遂げる
자신감	自信	제대로	思い通りに
달성하다	達成する	그렇다면	それなら
먼저	まず	현실적	現実的
구체적	具体的	행위	行為
자체	自体	보상	補償
완전하다	完全だ	성공	成功
눈에 띄다	目立つ	성장	成長
동기	動機	도중에	途中に
포기하다	諦める	-기 쉽다	～やすい
자기 긍정감	自己肯定感	마지막으로	最後に
무조건	無条件に	실천하다	実践する

4-1 **P110の文を読んで、次の質問に韓国語で答えてみましょう。**

1）습관을 고치기 어렵다는 한국의 속담은 무엇입니까?

2）우리들은 습관을 바꾸기 위해서 계획한 일들을 잘 달성하고 있습니까?

3）습관을 성공적으로 바꾸기 위해서 필요한 세 가지는 무엇입니까?

써 봅시다

4-2 自分の習慣はどんなものがあるのか、また周りに勧めたい習慣や、直したい習慣を書いてみましょう。また、直したい習慣はどのように直す予定かを書いて、発表してみましょう。

나의 습관

助詞のまとめ

<table>
<tr><th></th><th colspan="2"></th><th>母音で終わる体言</th><th>子音で終わる体言</th></tr>
<tr><td>は</td><td colspan="2"></td><td>는</td><td>은</td></tr>
<tr><td>が</td><td colspan="2"></td><td>가</td><td>이</td></tr>
<tr><td>を</td><td colspan="2"></td><td>를</td><td>을</td></tr>
<tr><td>も</td><td colspan="2"></td><td colspan="2">도</td></tr>
<tr><td rowspan="3">と</td><td colspan="2" rowspan="2">話しことば</td><td colspan="2">하고</td></tr>
<tr><td>랑</td><td>이랑</td></tr>
<tr><td colspan="2">書きことば</td><td>와</td><td>과</td></tr>
<tr><td rowspan="2">で</td><td colspan="2">手段・方法</td><td>로</td><td>으로</td></tr>
<tr><td colspan="2">場所</td><td colspan="2">에서</td></tr>
<tr><td rowspan="4">に</td><td colspan="2">場所・もの・時間</td><td colspan="2">에</td></tr>
<tr><td rowspan="3">人・
動物</td><td>書きことば</td><td colspan="2">에게</td></tr>
<tr><td>話しことば</td><td colspan="2">한테</td></tr>
<tr><td>尊敬形</td><td colspan="2">께</td></tr>
<tr><td rowspan="2">から</td><td colspan="2">時間・順序</td><td colspan="2">부터</td></tr>
<tr><td colspan="2">場所</td><td colspan="2">에서</td></tr>
<tr><td>まで</td><td colspan="2">時間・場所</td><td colspan="2">까지</td></tr>
<tr><td>へ</td><td colspan="2">方向</td><td>로</td><td>으로</td></tr>
<tr><td>か、や</td><td colspan="2">列挙</td><td>나</td><td>이나</td></tr>
<tr><td>より</td><td colspan="2">比較</td><td colspan="2">보다</td></tr>
<tr><td>のように</td><td colspan="2">比喩</td><td colspan="2">처럼, 같이</td></tr>
<tr><td>だけ</td><td colspan="2">限定</td><td colspan="2">만</td></tr>
<tr><td>しか</td><td colspan="2">限定否定</td><td colspan="2">밖에</td></tr>
</table>

数字のまとめ

1．漢字語数詞

1	2	3	4	5	6	7	8	9	10
일	이	삼	사	오	육	칠	팔	구	십
11	12	13	14	15	16	17	18	19	20
십일	십이	십삼	십사	십오	십육	십칠	십팔	십구	이십
30	40	50	60	70	80	90	100	1000	10000
삼십	사십	오십	육십	칠십	팔십	구십	백	천	만

1万：ふつう만と言い、일만とは言わない。「0」は「영，공，제로」

漢字語数詞は、년월일（年月日）、분（分）、초（秒）、학년（年生）、교시（時限）、원（ウォン）、번（番）、층（階）、인분（人前）、박（泊）、급（級）などに用いられる。

2．固有語数詞

1	2	3	4	5	6	7	8	9	10
하나	둘	셋	넷	다섯	여섯	일곱	여덟	아홉	열
한	두	세	네						
11	12	13	14	15	16	17	18	19	20
열하나	열둘	열셋	열넷	열다섯	열여섯	열일곱	열여덟	열아홉	스물
열한	열두	열세	열네						스무

後ろに助数詞が続くとき、1～4、11～14、20は下段の語形を用いる。

30	40	50	60	70	80	90
서른	마흔	쉰	예순	일흔	여든	아흔

100以上は漢字語数詞で数える。

固有語数詞を用いる助数詞には、살（歳）、시（時）、번（回）、장（枚）、개（個）、권（冊）、잔（杯）、명（人）、마리（匹）などがある。

文法表現のまとめ

韓国語	日本語
−거든요	〜んですよ、〜ものですから
−게 되다	〜ようになる
−겠다	〜る、〜そうだ
−고	〜て
−고 싶다	〜たい
−고 있다	〜ている（進行・継続）
−군요	〜ます（です）ね
−기 때문에	〜ので
−기 위해서	〜ために
−기 전에	〜前に
−기로 하다	〜ことにする
−네요	〜ます（です）ね
−는	〜る…、〜ている…〈動詞・存在詞の現在連体形〉
−는 게 어때요?	〜のはどうですか、〜たらどうですか
−는 게 좋다	〜たほうがいい
−는데요	〜ます（です）が、〜ます（です）けど
−는지	〜のか
−다가	〜ていて、〜ている途中で
−ㅂ니다/−ㅂ니까?	〜です、ます／〜ですか、ますか〈합니다体〉
−습니다/−습니까?	〜です、ます／〜ですか、ますか〈합니다体〉
−잖아요	〜じゃないですか
−죠	〜でしょう？、〜ましょう
−지 마세요/마십시오	〜ないでください
−지 못하다	〜ことができない（後置不可能）
−지 않다	〜ない（後置否定）
−지만	〜が、けど（逆接）
−(으)ㄴ	〜である…、〜い…、〜な…〈形容詞・指定詞の現在連体形〉
−(으)ㄴ	〜た…〈動詞の過去連体形〉
−(으)ㄴ 적이 있다/없다	〜たことがある／ない
−(으)ㄴ 지	〜てから、〜て以来
−(으)ㄴ 후	〜た後
−(으)ㄴ데요	〜ます（です）が、〜ます（です）けど
−(으)ㄴ지	〜のか
−(으)니까	〜から、〜ので
−(으)ㄹ	〜であろう…〈用言の予期連体形〉
−(으)ㄹ 것이다	〜つもりだ、〜であろう

韓国語	日本語
-(으)ㄹ 때	～るとき
-(으)ㄹ 생각	～考え、つもり
-(으)ㄹ 수 있다/없다	～ことができる/できない（可能・不可能）
-(으)ㄹ 예정	～予定
-(으)ㄹ 줄 알다/모르다	～ことができる/できない
-(으)ㄹ게요	～ますね、～ますから
-(으)ㄹ까요?	～ましょうか、～でしょうか
-(으)러	～しに（目的）
-(으)려고 하다	～ようと思う/する
-(으)면	～ば、～たら
-(으)면 되다	～ばいい
-(으)면 안 되다	～てはいけない
-(으)면서	～ながら
-(으)ㅂ시다	～ましょう〈합니다体〉
-(으)시다	お～になる、～られる（尊敬形）
-(으)세요/십니다	お～になります、～られます
-(으)세요/십시오	～てください（丁寧な命令）
-(으)셨습니다/셨어요	お～になりました、～られました〈尊敬過去形〉
-아/어 보다	～てみる
-아/어 있다	～ている（結果状態）
-아/어 주다	～てくれる、～てあげる
-아/어 주다/드리다	～て差し上げる
-아/어 주세요/주십시오	～てください（依頼）
-아/어도	～ても
-아/어도 되다	～てもいい
-아/어서	～ので、～て（原因・動作の先行）
-아/어요	～ます、～です〈해요体〉
-아/어요?	～ますか、～ですか〈해요体〉
-아/어지다	～くなる（状態変化）
-았/었다	～た〈過去形〉
-았/었던	～かった…、～だった…〈形容詞·指定詞·存在詞の過去連体形〉
-았/었습니다	～ました、～でした〈過去形の합니다体〉
-았/었어요	～ました、～でした〈過去形해요体〉
-았/었으면 좋겠다	～たらいい、～たら嬉しい、～てほしい
-았/었을 때	～たとき
-아/어야 하다	～なければならない
-요/-이요?	～(のこと)ですか
連体形+것 같다	～ようだ、～そうだ、～と思う
-ㄴ/는다/, -다	～る、～い、～だ〈한다体〉

用言活用のまとめ

<table>
<tr><th>用言</th><th>語幹末音</th><th>語幹</th><th>－으活用</th><th>－아/어活用</th></tr>
<tr><td>母音語幹</td><td>母音</td><td></td><td></td><td>아/어</td></tr>
<tr><td>子音語幹</td><td>子音</td><td></td><td>으</td><td>아/어</td></tr>
<tr><td rowspan="2">ㄹ語幹</td><td rowspan="2">ㄹ</td><td></td><td>으 → ×</td><td rowspan="2">아/어</td></tr>
<tr><td colspan="2">＋「ㅅ, ㅂ, ㄴ,（終声） ㄹ」: ㄹ → ×</td></tr>
<tr><td>으語幹</td><td>ㅡ</td><td></td><td></td><td>「ㅡ」をとり、아/어</td></tr>
<tr><td>ㄷ変格</td><td>ㄷ</td><td></td><td colspan="2">ㄷ → ㄹ</td></tr>
<tr><td>ㅂ変格</td><td>ㅂ</td><td></td><td>ㅂ → 우</td><td>ㅂ → 워（와）</td></tr>
<tr><td rowspan="2">ㅅ変格</td><td rowspan="2">ㅅ</td><td></td><td>으 → ○</td><td></td></tr>
<tr><td></td><td colspan="2">ㅅ → ×</td></tr>
<tr><td>르変格</td><td>르</td><td></td><td></td><td>르 → ㄹ라, ㄹ러</td></tr>
<tr><td rowspan="2">ㅎ変格</td><td rowspan="2">ㅎ</td><td rowspan="2"></td><td colspan="2">ㅎ → ×</td></tr>
<tr><td>으 → ×</td><td>母音 → ㅐ（ㅒ）</td></tr>
</table>

発音の変化

1 連音化

終声は、後ろの文字の初声が母音の場合、その母音とくっついて発音される。また、終声字が2つある場合は、左の子音字が終声になり、右の子音字が次の母音にくっついて発音される。

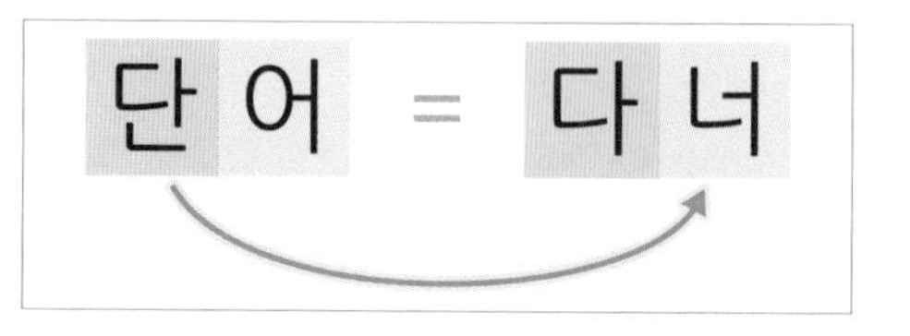

1-1 読んでみましょう。

1. 한국어（韓国語）　2. 일본어（日本語）　3. 음악（音楽）
4. 발음（発音）　5. 한일（韓日）　6. 읽어요（読みます）

［한구거, 일보너, 으막, 바름, 하닐, 일거요］

2 濃音化

平音の「ㅂ, ㄷ, ㅈ, ㄱ, ㅅ」は、終声の「ㅂ, ㄷ, ㄱ」の後では濁らず、濃音で発音される。

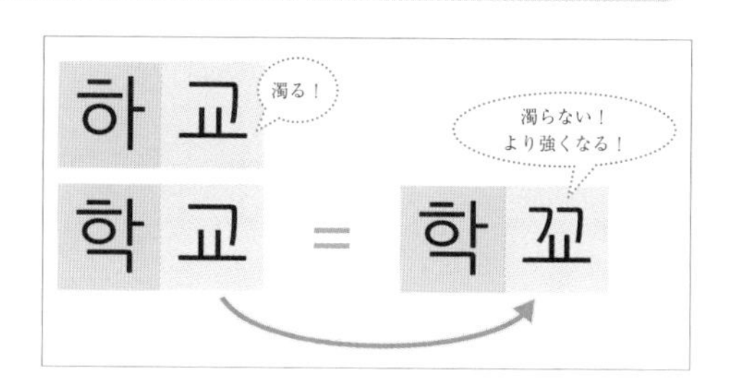

2-1 読んでみましょう。

1. 잡지（雑誌）　2. 합격（合格）　3. 숟가락（スプーン）
4. 젓가락（箸）　5. 식당（食堂）　6. 학생（学生）

［잡찌, 합껵, 숟까락, 전까락, 식땅, 학쌩］

3 鼻音化

終声の「ㅂ, ㄷ, ㄱ」は、後ろに鼻音「ㅁ, ㄴ」が来ると、それぞれ鼻音「ㅁ, ㄴ, ㅇ」に変わって発音される。

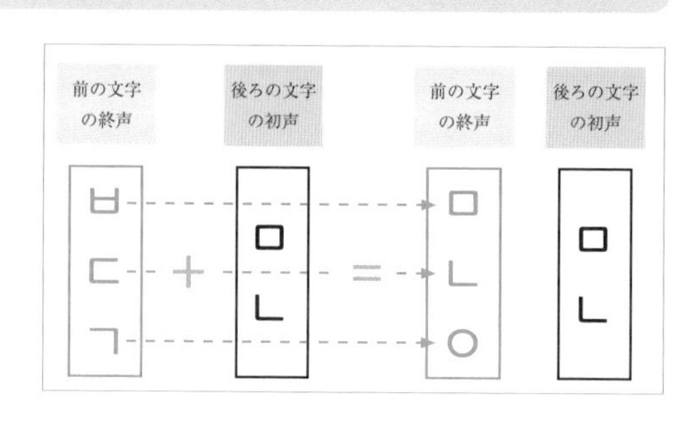

3-1 **読んでみましょう。**

1. 입니다（～です）　2. 입니까（～ですか）　3. 거짓말（嘘）

4. 끝나다（終わる）　5. 국내（国内）　6. 학문（学問）

［임니다, 임니까, 거진말, 끈나다, 궁내, 항문］

4 ㅎの無音化、弱化

① 「パッチムㅎ＋母音」の組み合わせでは、常に「ㅎ」は発音されない。

좋아 ＝ 조아

② 「パッチムㄴ, ㄹ, ㅁ, ㅇ＋初声ㅎ」の組み合わせでは、通常「ㅎ」は弱くなって発音される。

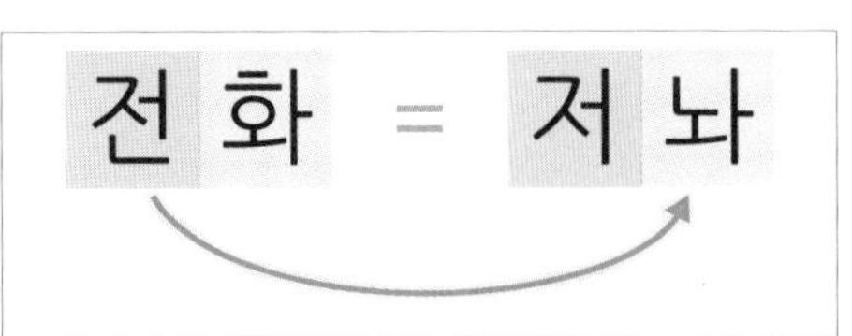

4-1 **読んでみましょう。**

1. 좋아해요（好きです）　2. 싫어해요（嫌いです）　3. 많이（たくさん）

4. 번호（番号）　5. 결혼（結婚）　6. 영화（映画）

［조아해요, 시러해요, 마니, 버노, 겨론, 영와］

5 激音化

① パッチム「ㅎ」の後に「ㄷ, ㅈ, ㄱ」が来ると、それぞれ激音「ㅌ, ㅊ, ㅋ」に変わって発音される。

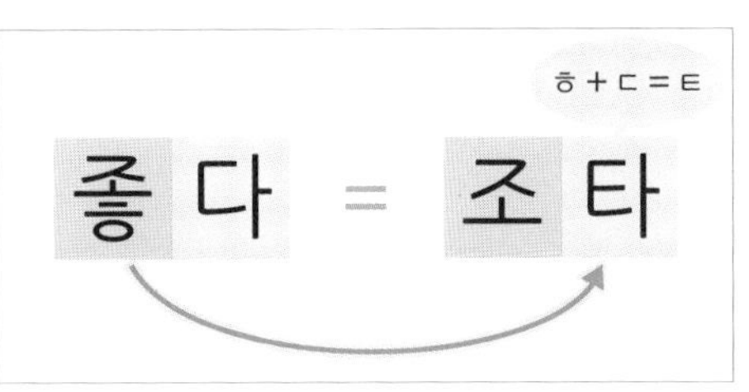

② 終声の「ㅂ, ㄷ, ㄱ」は後ろに「ㅎ」が来ると、それぞれ激音「ㅍ, ㅌ, ㅋ」に変わって発音される。

5-1 **読んでみましょう。**

1. 좋지（良いとも）　2. 그렇게（そのように）　3. 싫다（嫌だ）

4. 입학（入学）　5. 축하（お祝い）　6. 못하다（できない）

［조치, 그러케, 실타, 이팍, 추카, 모타다］

6 ㄴ音の挿入

合成語の場合、前の語が子音で終わり、後続の語が「이, 야, 여, 요, 유」で始まる場合、ㄴ[n]音が挿入される。

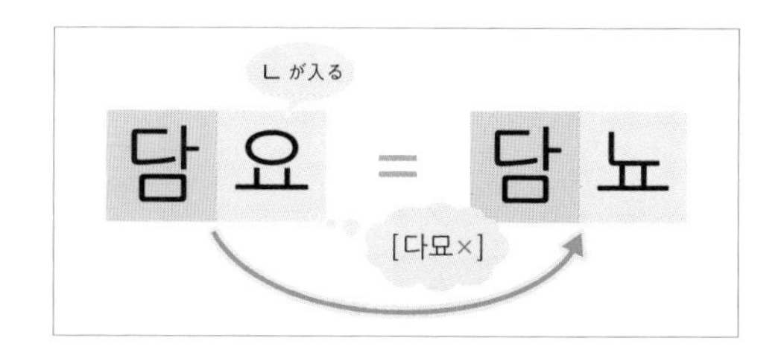

6-1 読んでみましょう。

1. 한입（一口）　2. 십육（16）　3. 무슨 요일（何曜日）
4. 한국 요리（韓国料理）　5. 강남역（江南駅）　6. 꽃잎（花びら）

［한닙, 심뉵, 무슨뇨일, 한궁뇨리, 강남녁, 꼰닙］

7 流音化

ㄴとㄹが隣り合うと、ㄴはすべて流音ㄹに変わり、ㄹㄹと発音される。

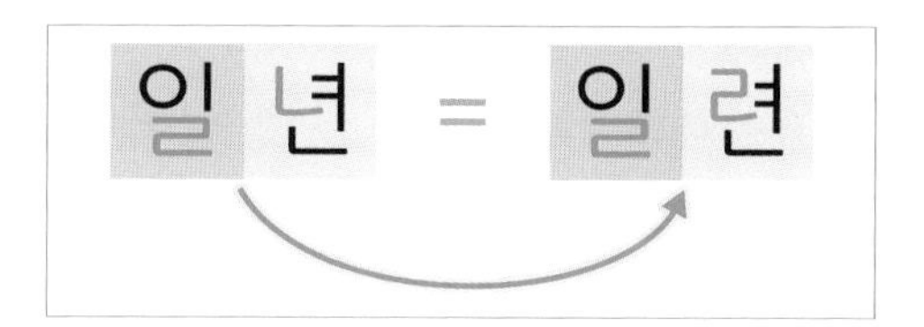

7-1 読んでみましょう。

1. 연락（連絡）　2. 한류（韓流）　3. 실내（室内）
4. 설날（元旦）　5. 전람회（展覧会）　6. 서울역（ソウル駅）

［열락, 할류, 실래, 설랄, 절라뫼,（ㄴ挿入：서울녁→）서울력］

8 口蓋音化

パッチム「ㄷ, ㅌ」の後に「이」が続く場合、「디, 티」ではなく、「지, 치」と発音される。また、パッチム「ㄷ」の後に「히」が続くと、「티」ではなく「치」と発音される。

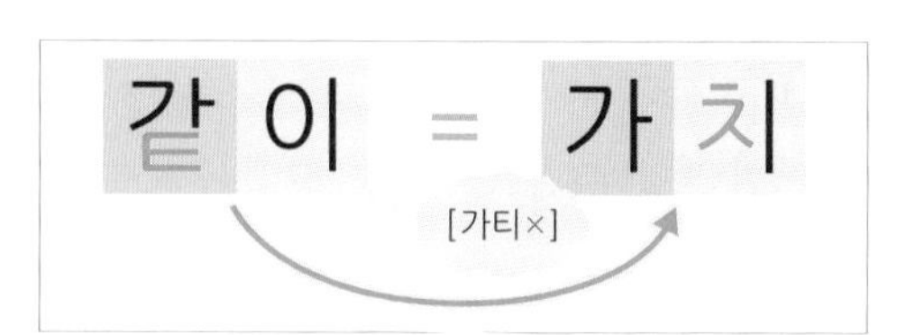

8-1 読んでみましょう。

1. 굳이（あえて）　2. 미닫이（引き戸）　3. 해돋이（日の出）
4. 샅샅이（くまなく）　5. 햇볕이（太陽の光が）　6. 닫히다（閉まる）

［구지, 미다지, 해도지, 삳싸치, 핻뼈치, 다치다］

索引

（韓国語→日本語）

ㄱ

공사　工事
공연　公演
공원　公園
과제　課題
관계　関係
관광　観光
관광객　観光客
관광지　観光地
관람　観覧
관련되다　関連する、関わる
관심　関心、興味
(－에) 관한　(～に) 関する、ついての
(－에) 관해서　(～に) 関して、ついて
괜찮다　大丈夫だ
교과서　教科書
교사　教師
교실　教室
교통 기관　交通機関
구경　見物
구경하다　見物する
구두　靴
구체적　具体的
국내　国内
국제　国際
국회도서관　国会図書館
굳이　あえて
굽다　焼く
궁금하다　気になる
귀엽다〈ㅂ変格〉　かわいい
그　その
그거　それ
그때　そのとき
그때그때　その都度
그래도　それでも、でも
그래서　それで
그래요?　そうですか
그러다　そうする
그런데　ところで
그럴까요?　そうしましょうか
그럼　では、じゃ
그럼에도 불구하고　それにもかかわらず
그럼요　もちろんです
그렇게　そんなに、そのように
그렇다〈ㅎ変格〉　そうだ
그렇다면　それなら
그리고　そして
그치다　やむ
근데　ところで
근처　近所、近く
글쎄요　そうですね
글씨　字
금요일　金曜日
급　～級
기간　期間
기념　記念
기다리다　待つ
기대　期待
기대되다　楽しみだ
기르다〈르変格〉　飼う
기말　期末
기분　気分、気持ち
기쁘다　嬉しい
기억　記憶
기원하다　祈願する、願う
기타　ギター
기회　機会
긴자　銀座〈地名〉
긴장되다　緊張する
길　道
길가　道端
길거리　街頭
길다　長い
길이 막히다　渋滞する
김밥　韓国風のり巻き
김치　キムチ
까맣다〈ㅎ変格〉　黒い
깜박하다　うっかりする
깜짝　びっくり

깜짝 놀라다　びっくりする
깨끗이　綺麗に
꼭　必ず、ぜひ、きっと
꼭　ぎゅっと
꽃　花
꽃다발　花束
꽃잎　花びら
꽤　だいぶ、かなり
꿈　夢
끄다　消す、(電源を) 切る
끝나다　終わる

ㄴ

나　私
나다　出る
나라　国
나무　木
나오다　出てくる、出る
나이　歳、年齢
나중에　後で
낙엽　落ち葉
날　日
날씨　天気
남다　残る
남동생　弟、弟さん
남산　南山〈山名〉
낫다〈ㅅ変格〉　治る
내　私の
내가　私が
내년　来年
내다　出す
내리다　降りる、降る
내일　明日
냉면　冷麺
너무　あまりに、とても
넓다　広い
넘어지다　転ぶ
네　はい
네　四つの
년　～年
노랗다〈ㅎ変格〉　黄色い
노래　歌
노래방　カラオケ
노력하다　努力する
노트북　ノートパソコン
놀다　遊ぶ
놀라다　驚く
놀이　遊び
높다　高い
놓다　置く
놓이다　置かれる
누가　誰が
누구　誰
누나　(弟からみて) 姉、お姉さん
누르다〈르変格〉　押す
눈　目
눈　雪
눈에 띄다　目立つ
느끼다　感じる
늘　いつも
늘어나다　増える
늦게　遅れて、遅く
늦다　遅れる、遅い

ㄷ

다　すべて、皆、全部、すっかり
다니다　通う
다르다〈르変格〉　違う、異なる
다시　再び、また
다음　次、次の
다음 달　来月
다음 주　来週
다하다　尽くす
다행이다　幸いだ、よかった
다행히　幸いに
단어　単語
단풍　紅葉
닫다　閉める

닫히다　閉まる
달　~ヶ月
달리다　走る
달성　達成
달성하다　達成する
닭갈비　タッカルビ
담기다　込められる
담당　担当
담배　タバコ
담요　毛布
답장　返信、返事
당근　ニンジン
대학 생활　大学生活
대학 축제　大学の学園祭
대학교　大学
대학생　大学生
대학원　大学院
(-에) 대한　(~に) 対する、ついての
(-에) 대해서　(~に) 対して、ついて
댁　お宅、自宅
댄스　ダンス
더　もっと
덕분　おかげ
덕분에　おかげで、おかげ様で
덥다〈ㅂ変格〉　暑い
도　~度
도로　道路
도서관　図書館
도전하다　挑戦する
도중　途中
도중에　途中で
도착하다　到着する、着く
도쿄　東京〈地名〉
도쿄역　東京駅〈駅名〉
독서　読書
돈　お金
돌아오다　帰る
돕다〈ㅂ変格〉　手伝う、助ける
동기　動機
동대문 시장　東大門市場〈地名〉
동생　弟、妹
동아리　サークル
동안　間
되게　すごく、とても
되다　なる、できる、経つ
두　二つの
두껍다〈ㅂ変格〉　厚い
둘러보다　見て回る
둘이서　二人で
둘째　二番目
둘째 날　二日目
뒤　後、後ろ
드라마　ドラマ
드리다　差し上げる
드림　拝
드시다　召し上がる
듣다〈ㄷ変格〉　聞く
-들　~たち
들다　入る
들다　持つ
들리다　聞こえる
들어오다　入ってくる、入る
등　など
디자인　デザイン
디저트　デザート
따다　取る
따뜻하게　暖かく、温かく
따뜻하다　暖かい、温かい
따로따로　別々に
따르다　従う、よる
때　とき
떠나다　発つ
떠들다　騒ぐ
떡국　韓国風のお雑煮
떡볶이　トッポッキ
떨리다　震える、緊張する
떨어지다　落ちる
또　また

ㄹ

－라고 하다　～と言う、～と申す
라면　ラーメン
레벨　レベル
리포트　レポート

ㅁ

마감일　締め切り日
마라톤　マラソン
마스크　マスク
마시다　飲む
마음　心
마음에 들다　気に入る
마지막　最後
막히다　塞がる、詰まる
만　万
만나다　会う
만들다　作る
만화　漫画
많다　多い
많은　たくさんの
많이　たくさん
말　馬
말　ことば
말　末
말하다　言う
맛　味
맛보다　味わう、体験する
맛있게　おいしく
맛있다　おいしい
맞다　合う、その通りだ
매년　毎年
매력　魅力
매일　毎日
맵다〈ㅂ変格〉　辛い
머리　頭、髪
먹다　食べる
먹이　エサ
먼저　先に
멀다　遠い
멈추다　止まる
멋있다　カッコいい、素敵だ
메뉴　メニュー
메시지　メッセージ
메일　メール
며칠　何日
몇　何(+助数詞)
모두　皆、全部
모르겠다　知らない、分からない
모르다〈르変格〉　知らない、分からない
모습　姿
모으다　集める、貯める
모이다　集まる
모자　帽子
목　首、喉
목소리　声
목표　目標
몸　体
몸에 익다　身につく
못　～できない
못하다　できない、下手だ
무겁다〈ㅂ変格〉　重い
무슨　何の、何か
무엇　何
무조건　無条件、無条件に
문　門、ドア
문법　文法
문제　問題
문화　文化
묻다〈ㄷ変格〉　きく
물　水
물가　物価
물건　品物
물론　もちろん
물어보다　きいてみる、きく
뭐　何、何を
미국　アメリカ

미니　ミニ
미닫이　引き戸
미라이대학교　未来大学
미래　未来
미루다　後回しにする
미안해요　ごめんなさい
미안해하다　申し訳なく思う
민간요법　民間療法
믿다　信じる

ㅂ

바꾸다　変える、替える
바다　海
바라보다　見つめる
바로　すぐ、すぐに
바쁘다　忙しい
박　~泊
박물관　博物館
밖　外
받다　もらう、受取る、受ける
발음　発音
발표　発表
발표하다　発表する
밝다　明るい
밥　ご飯
방　部屋
방금　たった今
방학　学校の長期休み
방해하다　邪魔する、妨害する
배　腹
배우다　習う
배탈　食当たり
배탈이 나다　お腹を壊す
백화점　百貨店、デパート
버릇　くせ
번　~回、~番
번호　番号
벌써　もう、すでに
벗다　脱ぐ、外す
벤치　ベンチ
변화　変化
별로　あまり、別に
병원　病院
보내다　送る
보다　見る、会う
보상　補償
보이다　見せる、見える
보통　普通、普段
보트　ボート
본격적　本格的
본인　本人
봄　春
봄 방학　春休み
부르다〈르変格〉　歌う、呼ぶ
부산　釜山〈地名〉
부치다　送る
분　~分
분　方
분위기　雰囲気
불　明かり
불고기　プルコギ
불꽃　花火
불안하다　不安だ
붓다〈ㅅ変格〉　注ぐ
붓다〈ㅅ変格〉　腫れる
붙다　(試験に)受かる
비　雨
비둘기　鳩
비빔밥　ビビンバ
비싸다　(値段が)高い
비행기　飛行機
빌려주다　貸す
빌리다　借りる
빠르다〈르変格〉　速い
빠지다　ハマる
빨갛다〈ㅎ変格〉　赤い
빨래하다　洗濯する
빨리　速く、早く

빵　パン

ㅅ

사　四
사귀다　付き合う
사다　買う
사람　人
사실　事実、実際に
사실은　実は
사용법　使い方
사용하다　使用する
사이　仲
사이즈　サイズ
사장님　社長
사전　辞書
사진　写真
사촌　いとこ
산　山
산책　散歩
산책하다　散歩する
살　~歳
살다　住む、暮らす
살리다　生かす
삶　人生
삼　三
삼겹살　サムギョプサル
삼다　見なす
상　賞
상급　上級
샅샅이　くまなく
새로　新しく
새롭다〈ㅂ変格〉　新しい
새해　新年
색　色
생각　考え、つもり
생각보다　思ったより
생각이 들다　気がする
생각하다　考える、思う
생기다　できる、生じる
생선회　刺身
생일　誕生日
서다　立つ
서울　ソウル〈地名〉
서울역　ソウル駅〈駅名〉
선　線
선물　プレゼント、贈り物
선물하다　プレゼントする
선배　先輩
선배님　先輩
선생님　先生
선선하다　涼しい
설　お正月、元旦
설날　元旦
설레다　わくわくする、ときめく
설명회　説明会
성　苗字
성격　性格
성공적　成功的
성공하다　成功する
성장　成長
성함　お名前〈尊敬〉
세　三つの
세계　世界
세다　数える
세배　新年の挨拶
세뱃돈　お年玉
세상　世の中
세우다　立てる
세일　セール
셋째　三番目
셋째 날　三日目
소개　紹介
소개하다　紹介する
소리　音
소설　小説
소설책　小説本
속담　ことわざ
손　手

손님　お客さん
손잡이　手すり
쇼핑　ショッピング
쇼핑하다　ショッピングする
수다　おしゃべり
수다를 떨다　おしゃべりする
수업　授業
수영　水泳
수학여행　修学旅行
숙제　宿題
순간　瞬間
순두부찌개　スンドゥブチゲ
숟가락　スプーン
쉬다　休む
쉽다〈ㅂ変格〉　易しい、簡単だ
슈퍼마켓　スーパーマーケット
스마트폰　スマートフォン
스웨터　セーター
스키　スキー
스파게티　スパゲッティ
스포츠　スポーツ
스푼　スプーン
슬프다　悲しい
습관　習慣
습도　湿度
승객　乗客
시　~時
시간　~時間、時間
시계　時計
시작되다　始まる
시작하다　始める
시장　市場
시험　試験
시험을 보다　試験を受ける
식구　家族
식당　食堂
식물원　植物園
식사　食事
식사하다　食事する

식혜　韓国風の甘酒
신다　履く
신문　新聞
신발　靴
신선하다　新鮮だ
신오쿠보　新大久保〈地名〉
신주쿠　新宿〈地名〉
신칸센　新幹線
신학기　新学期
실내　室内
실력　実力
실제로　実際に
실천하다　実践する
싫다　嫌だ
싫어하다　嫌う、嫌いだ
십　十
싸다　包む
싸다　安い
쌓이다　積もる
쓰다　書く
쓰다　(メガネを)かける
쓰다　使う
쓰러지다　倒れる
쓰이다　書かれる
씨　~さん、~氏
-씩　~ずつ
씻다　洗う

ㅇ

아까　さっき
아끼다　惜しむ、節約する
아뇨　いいえ
(-가/이) 아니다　~ではない
아니요　いいえ
아르바이트　アルバイト
아무것도　何も
아무리　いくら、どんなに
아버지　父、父親、お父さん
아사쿠사　浅草〈地名〉

아쉽다〈ㅂ変格〉 残念だ
아이 子供
아이돌 アイドル
아이스커피 アイスコーヒー
아주 とても
아직 まだ
아침 朝、朝食、朝飯
아프다 痛い
안 ～ない
안 中〈場所〉、内側
안경 メガネ
안내하다 案内する
안녕하세요? こんにちは
안녕하십니까? こんにちは
안녕히 계세요 （留まる人に対して）さようなら
앉다 座る
알다 知る、分かる
알아듣다〈ㄷ変格〉 聞き取る
앞 前〈場所〉
앞으로 これから
앞치마 エプロン
야경 夜景
야구 野球
약 薬
약속 約束
약을 먹다 薬を飲む
양 量
얕다 浅い
얘기하다 話す
어느 どの
어느 거 どれ
어느 것 どれ
어둡다 暗い〈ㅂ変格〉
어디 どこ、どちら
어때요? どうですか
어땠어요? どうでしたか
어떡하다 どうする
어떤 どんな
어떻게 どのように
어떻다〈ㅎ変格〉 どうだ
어렵다〈ㅂ変格〉 難しい
어른 大人
어리다 幼い、年下だ
어머니 母、母親、お母さん
어서 오세요 いらっしゃいませ
어울리다 似合う、交わる
어제 昨日
어젯밤 昨晩、昨夜
어학연수 語学研修
언니 （妹からみて）姉、お姉さん
언제 いつ
언제나 いつも
언제든지 いつでも
얼마 いくら
얼마나 どれくらい
엄마 母、母親、お母さん、ママ
업계 業界
없다 ない、いない
에펠탑 エッフェル塔
여기 ここ
여기저기 あちこち
여동생 妹、妹さん
여든 八十
여러 さまざまな
여러분 皆さん
여름 夏
여름 방학 夏休み
여행 旅行
여행하다 旅行する
역 駅
역사 歴史
역시 やはり
연극 演劇
연락 連絡
연예인 芸能人
연휴 連休
열 十
열 熱

열람실　閲覧室
열리다　開かれる、開く
열심히　熱心に、一生懸命に
열심히 하겠습니다　一生懸命に頑張ります
열차　列車
영상　映像、動画
영어　英語
영화　映画
영화관　映画館
옆　横、隣
예쁘다　かわいい、綺麗だ
예습하다　予習する
예약　予約
예약하다　予約する
예정　予定
오　五
오늘　今日
오늘 밤　今夜
오다　来る、降る
오래간만　久しぶり
오래되다　久しい、長くなる
오랜만　久しぶり
오빠　(妹からみて)兄、お兄さん
오사카　大阪〈地名〉
오코노미야키　お好み焼き
오키나와　沖縄〈地名〉
오후　午後
온　すべての
온천　温泉
올라가다　登る
올해　今年
옷　服
완전하다　完全だ
완주　完走
왜　なぜ、どうして
외국　外国
외국어　外国語
외국인　外国人
외우다　覚える
요리　料理
요일　曜日
요즘　最近
요코하마　横浜〈地名〉
용돈　小遣い
우동　うどん
우리　私たち
우리 집　我が家
우리들　私たち
우산　傘
우연히　偶然に、偶然
우유　牛乳
우체국　郵便局
운동　運動
운동하다　運動する
운전　運転
운전면허　運転免許
울다　泣く
울리다　鳴る
웃다　笑う
원　～ウォン
원피스　ワンピース
월　～月
월급　月給
위　上
유난히　とりわけ、特に
유람선　遊覧船
유명하다　有名だ
유물　遺物
유월　六月
유익하다　有益だ
유자차　ゆず茶
유학　留学
육　六
윷놀이　韓国のすごろくの一種
은행　銀行
음식　食べ物、料理
음악　音楽
의미　意味

의사　医師
의자　椅子
이　この
이　二
이　歯
이거　これ
-이다　~だ
이따가　後で
-이라고 하다　~と言う、~と申す
이렇게　こんなに、このように
이루다　成し遂げる
이름　名前
이미지　イメージ
이번　今度、今回、今度の、今回の
이번 주　今週
이번 주말　今週末
이벤트　イベント
이사　引越し
이상 기후　異常気象
이야기　話
이야기하다　話す
이왕이면　せっかくなら
이제부터　これから
이쪽　こちら
익다　慣れる、馴染む
인기　人気
인분　~人前
인터넷　インターネット
일　一
일　仕事、用事、こと
일　~日
일본　日本
일본어　日本語
일요일　日曜日
일찍　早く
일하다　働く
읽다　読む
입다　着る
입원하다　入院する
입학　入学
잇다〈ㅅ変格〉　つなぐ
있다　ある、いる

ㅈ

자격증　資格
자기　自己
자기 긍정감　自己肯定感
자다　寝る
자라다　育つ、成長する
자료　資料
자르다〈르変格〉　切る
자리　席
자신감　自信
자전거　自転車
자주　しょっちゅう
자체　自体
작년　昨年、去年
작다　小さい
작품상　作品賞
잘　よく、上手く
잘 보다　(試験が)よくできる
잘 지내다　元気に過ごす、元気だ
잘됐네요　良かったですね
잘되다　うまくいく
잠　眠り
잠시만　しばらく、少々
잠이 들다　眠りにつく
잡다　つかむ、握る
잡지　雑誌
잡채　チャプチェ
장　~枚
장마　梅雨
장마철　梅雨時季
장소　場所
재미없다　面白くない、つまらない
재미있다　面白い、楽しい
재즈　ジャズ
저　私、あの

저기　あそこ
저녁　夕方、夕食、夕飯
적다　少ない
전　前〈時間〉
전　私は
전공　専攻
전날　前日
전람회　展覧会
전망　展望、見晴らし
전시되다　展示される
전시회　展示会
전철　電車
전통　伝統
전화　電話
전화하다　電話する
절　お辞儀
젊다　若い
젊은 사람　若者
점　点
점심　昼、昼食、昼飯
점점　だんだん
젓가락　箸
젓다〈ㅅ変格〉　かき混ぜる
정도　程度、くらい
정말　本当、本当に
제　私の
제가　私が
제대로　思い通りに
제목　題目、タイトル
제일　一番
제주도　済州島〈地名〉
제출　提出
조금　少し、ちょっと
조심하다　気をつける
조용하다　静かだ
조카　甥、姪
졸다　居眠りする
졸업　卒業
졸업생　卒業生
졸업하다　卒業する
좀　少し、ちょっと
좀처럼　なかなか
좁다　狭い
종사하다　従事する、勤める
좋겠다　いいな
좋다　良い
좋아하다　好む、好きだ
죄송한데요　すみませんが
주　～週
주다　あげる、くれる
주로　主に
주말　週末
주세요　ください
준비　準備
줄　列
줄 서다　並ぶ
줍다〈ㅂ変格〉　拾う
중　中〈候補、時間〉
중국어　中国語
중요하다　重要だ、大切だ
중학교　中学校
즐겁다〈ㅂ変格〉　楽しい
즐기다　楽しむ
지갑　財布
지구 온난화　地球温暖化
지금　今
지나다　過ぎる、経つ
지난　この間の、この前の
지난달　先月
지난번　この間、この前
지난주　先週
지내다　過ごす、暮す、行う
지바　千葉〈地名〉
지우다　消す
지하　地下
직업　職業
직원　職員、スタッフ
직행　直行

진동　振動、マナーモード
질문하다　質問する
짐　荷物
집　家
짓다〈ㅅ変格〉　建てる、作る
짧다　短い
-쯤　～頃、～くらい、～ほど
찍다　撮る

ㅊ

차　お茶
차례　祭祀
참　とても、本当に
참가하다　参加する
창문　窓
찾다　探す、(お金を)おろす
책　本
처방전　処方箋
처음　始め、初めて
처음으로　初めて
천　生地、布
천　千
천천히　ゆっくり
첫째　一番目
첫째 날　一日目
청소　掃除
체험　体験
초밥　寿司
최선　最善
추리　推理
추천하다　推薦する、勧める
축구　サッカー
축제　祝祭、祭り
축하　祝賀、お祝い
축하하다　祝賀する、祝う
축하합니다　おめでとうございます
축하해요　おめでとうございます
출장　出張
춥다〈ㅂ変格〉　寒い
취미　趣味
취소되다　取り消される、中止される
취직하다　就職する
층　～階
치다　打つ
치마　スカート
친구　友達
친절하게　親切に
친척　親戚
친하다　親しい
칠　七
칠판　黒板

ㅋ

카드　カード
카레　カレー
카페　カフェ
커피　コーヒー
컴퓨터　コンピューター、パソコン
컵　コップ、カップ
케이팝　K-POP
켜다　つける
콘서트　コンサート
콜라　コーラ
크게　大きく
크다　大きい、(背が)高い
크리스마스　クリスマス
클래식　クラシック
키　背、身長
키보드　キーボード

ㅌ

타다　乗る
택배　宅配
택시　タクシー
테니스　テニス
테이블　テーブル
토요일　土曜日
특히　特に

티브이 (TV) テレビ

ㅍ

파랗다〈ㅎ変格〉 青い
파이팅 ファイト、頑張れ
파티 パーティー
팔 八
팔다 売る
펑펑 こんこん
편리하다 便利だ
편의점 コンビニ
편지 手紙
편집 編集
평소 普段
평화 平和
포기하다 諦める
포장하다 包装する、ラッピングする
표 チケット、票
푹 ぐっすり、たっぷり
풍성하다 豊富だ
피우다 吸う
피자 ピザ
필요하다 必要だ

ㅎ

하나 一つ
하늘 空
하다 する、言う
하라주쿠 原宿〈地名〉
하루 一日
하얗다〈ㅎ変格〉 白い
하지만 しかし
학과 学科
학교 学校
학기 学期
학년 ～年生
학문 学問
학생 学生
학생증 学生証
학원 塾、教習所
한 一つの
한 約、およそ
한가운데 真ん中
한가하다 暇だ
한강 漢江〈川名〉
한국 韓国
한국어 韓国語
한글 ハングル
한라산 漢拏山〈山名〉
한류 韓流
한번 （試しに）一度
한번도 一度も（+否定）
한복 韓服
한숨 一眠り、一息
한숨도 못 자다 一睡もできない
한여름 真夏
한일 韓日
한입 一口
한자 漢字
한참 しばらく
할머니 祖母、おばあさん
할아버지 祖父、おじいさん
함께 一緒に
합격 合格
합격하다 合格する
핫도그 ホットドッグ
항상 いつも
해 ～年
해돋이 日の出
해외 海外
햇볕 太陽の光
행복하다 幸せだ
행위 行為
현금 인출기 ATM
현실적 現実的
형 （弟からみて）兄、お兄さん
호수 湖
혹시 ひょっとして

혼자　一人で
홍대　弘大〈地名〉
홍차　紅茶
화창하다　のどかだ
확인하다　確認する
회사　会社
회사원　会社員
회의실　会議室
후　後
후배　後輩
후지산　富士山〈山名〉
후회　後悔
휴가　休暇
휴강　休講
휴대폰　携帯電話
휴일　休日
흐리다　曇っている
흑돼지고기　黒豚肉
흰색　白、白色
힘　力
힘들다　つらい、大変だ

索引

（日本語→韓国語）

あ

一緒に　같이, 함께
一睡もできない　한숨도 못 자다
行ってくる　갔다 오다
いつでも　언제든지
いつも　늘, 언제나, 항상
いとこ　사촌
いない　없다
居眠りする　졸다
遺物　유물
イベント　이벤트
今　지금
意味　의미
イメージ　이미지
妹　여동생, 동생
妹さん　여동생
嫌だ　싫다
いらっしゃいませ　어서 오세요
いらっしゃる　계시다
いる　있다
入る　들다
色　색
祝う　축하하다
インターネット　인터넷
上　위
〜ウォン　원
(試験に)受かる　붙다
受取る　받다
受ける　받다
後ろ　뒤
嘘　거짓말
歌　노래
歌う　부르다〈르変格〉
内側　안
打つ　치다
うっかりする　깜박하다
うどん　우동
馬　말
上手く　잘
うまくいく　잘되다
海　바다
売る　팔다
嬉しい　기쁘다
運転　운전
運転免許　운전면허
運動　운동
運動する　운동하다
映画　영화
映画館　영화관
英語　영어
映像　영상
ATM　현금 인출기
駅　역
エサ　먹이
エッフェル塔〈建物〉　에펠탑
閲覧室　열람실
エプロン　앞치마
選ぶ　고르다〈르変格〉
演劇　연극
甥　조카
おいしい　맛있다
おいしく　맛있게
お祝い　축하
多い　많다
大きい　크다
大きく　크게
大阪〈地名〉　오사카
お母さん　어머니, 엄마
おかげ　덕분
おかげ様で　덕분에
おかげで　덕분에
お金　돈
置かれる　놓이다
沖縄〈地名〉　오키나와
お客さん　손님
置く　놓다
贈り物　선물
送る　보내다, 부치다
遅れて　늦게

遅れる　늦다
行う　지내다
お好み焼き　오코노미야키
幼い　어리다
おじいさん　할아버지
教える　가르치다
お辞儀　절
惜しむ　아끼다
おしゃべり　수다
おしゃべりする　수다를 떨다
お正月　설
押す　누르다〈르変格〉
遅い　늦다
遅く　늦게
お宅　댁
落ち葉　낙엽
お茶　차
落ちる　떨어지다
音　소리
お父さん　아버지
弟　남동생, 동생
弟さん　남동생
お年玉　세뱃돈
大人　어른
驚く　놀라다
お腹を壊す　배탈이 나다
同じだ　같다
お名前〈尊敬〉　성함
(妹からみて)お兄さん　오빠
(弟からみて)お兄さん　형
(妹からみて)お姉さん　언니
(弟からみて)お姉さん　누나
おばあさん　할머니
覚える　외우다
おめでとうございます　축하합니다, 축하해요
重い　무겁다〈ㅂ変格〉
思い通りに　제대로
思う　생각하다
面白い　재미있다
面白くない　재미없다
思ったより　생각보다
主に　주로
およそ　한
降りる　내리다
(お金を)おろす　찾다
終わる　끝나다
音楽　음악
温泉　온천

か

カード　카드
〜回　번
〜階　층
海外　해외
会議室　회의실
会計　계산
外国　외국
外国語　외국어
外国人　외국인
会社　회사
会社員　회사원
街頭　길거리
買う　사다
飼う　기르다〈르変格〉
変える　바꾸다
帰る　돌아오다
替える　바꾸다
かかる　걸리다
書かれる　쓰이다
関わる　관련되다
かき混ぜる　젓다〈ㅅ変格〉
書く　쓰다
学生　학생
学生証　학생증
確認する　확인하다
学問　학문
〜ヶ月　달
(メガネを)かける　쓰다

かける　걸다
傘　우산
貸す　빌려주다
風邪　감기
風邪を引く　감기에 걸리다
数える　세다
家族　가족, 식구
方　분
課題　과제
~月　월
学科　학과
学期　학기
カッコいい　멋있다
学校　학교
学校の長期休み　방학
カップ　컵
悲しい　슬프다
必ず　꼭
かなり　꽤
可能だ　가능하다
かばん　가방
カフェ　카페
髪　머리
カメ　거북이
通う　다니다
辛い　맵다〈ㅂ変格〉
カラオケ　노래방
体　몸
借りる　빌리다
カレー　카레
かわいい　귀엽다〈ㅂ変格〉, 예쁘다
~間　-간
考え　생각
考える　생각하다
関係　관계
観光　관광
観光客　관광객
観光地　관광지
韓国　한국
韓国語　한국어
韓国のすごろくの一種　윷놀이
韓国風の甘酒　식혜
韓国風のお雑煮　떡국
韓国風のり巻き　김밥
漢字　한자
(~に)関して　(-에) 관해서
感じる　느끼다
関心　관심
(~に)関する　(-에) 관한
完全だ　완전하다
完走　완주
感想　감상
元旦　설, 설날
簡単だ　쉽다〈ㅂ変格〉
江南駅〈駅名〉　강남역
韓日　한일
乾杯　건배
頑張れ　파이팅
韓服　한복
観覧　관람
関連する　관련되다
木　나무
キーボード　키보드
きいてみる　물어보다
黄色い　노랗다〈ㅎ変格〉
記憶　기억
機会　기회
気がする　생각이 들다
期間　기간
祈願する　기원하다
聞き取る　알아듣다〈ㄷ変格〉
きく　묻다〈ㄷ変格〉
聞く　듣다〈ㄷ変格〉
聞こえる　들리다
生地　천
ギター　기타
期待　기대
きっと　꼭

気に入る　마음에 들다
気になる　궁금하다
記念　기념
昨日　어제
気分　기분
期末　기말
キムチ　김치
気持ち　기분
〜級　급
休暇　휴가
休講　휴강
休日　휴일
牛乳　우유
ぎゅっと　꼭
今日　오늘
業界　업계
教科書　교과서
競技　경기
教師　교사
教室　교실
教習所　학원
興味　관심
去年　작년
景福宮〈宮名〉　경복궁
嫌いだ　싫어하다
嫌う　싫어하다
(電源を)切る　끄다
切る　자르다〈르変格〉
着る　입다
きれいだ　곱다〈ㅂ変格〉
綺麗だ　예쁘다
綺麗に　깨끗이
気をつける　조심하다
銀行　은행
銀座〈地名〉　긴자
近所　근처
緊張する　긴장되다, 떨리다
金曜日　금요일
偶然　우연히
偶然に　우연히
薬　약
薬を飲む　약을 먹다
くせ　버릇
具体的　구체적
ください　주세요
靴　신발, 구두
ぐっすり　푹
国　나라
首　목
くまなく　샅샅이
曇っている　흐리다
〜くらい　-쯤
くらい　정도
暗い〈ㅂ変格〉　어둡다
クラシック　클래식
暮らす　지내다
暮らす　살다
クリスマス　크리스마스
来る　오다
くれる　주다
黒　검은색
黒い　까맣다〈ㅎ変格〉
黒色　검은색
苦労　고생
黒豚肉　흑돼지고기
ゲーム　게임
計画　계획
経験　경험
経験する　경험하다
経済学入門　경제학입문
計算　계산
計算する　계산하다
継続する　계속하다
携帯電話　휴대폰
芸能人　연예인
ケイポップ(K-POP)　케이팝
景色　경치
消す　끄다, 지우다

結果　결과
月給　월급
結婚　결혼
元気だ　잘 지내다
元気に過ごす　잘 지내다
健康　건강
検索する　검색하다
現実的　현실적
検定　검정
見物　구경
見物する　구경하다
～個　개
五　오
コーヒー　커피
コーラ　콜라
行為　행위
公園　공원
公演　공연
後悔　후회
合格　합격
合格する　합격하다
高校　고등학교
工事　공사
高速道路　고속도로
紅茶　홍차
交通機関　교통 기관
後輩　후배
公務員　공무원
紅葉　단풍
声　목소리
語学研修　어학연수
国際　국제
国内　국내
告白する　고백하다
黒板　칠판
ここ　여기
午後　오후
心　마음
こちら　이쪽
小遣い　용돈
国会図書館　국회도서관
コップ　컵
こと　것, 거, 일
ことが　게
今年　올해
異なる　다르다〈르変格〉
ことは　건, 게
ことば　말
子供　아이
ことわざ　속담
この　이
この間　지난번
この間の　지난
この前　지난번
この前の　지난
好む　좋아하다
このように　이렇게
ご飯　밥
込められる　담기다
ごめんなさい　미안해요
これ　이거
これから　앞으로, 이제부터
～頃　-쯤
転ぶ　넘어지다
今回　이번
今回の　이번
こんこん　펑펑
コンサート　콘서트
今週　이번 주
今週末　이번 주말
今度　이번
今度の　이번
こんなに　이렇게
こんにちは　안녕하세요?, 안녕하십니까?
コンビニ　편의점
コンピューター　컴퓨터
今夜　오늘 밤

さ

サークル　동아리
~歳　살
最近　요즘
最後　마지막
祭祀　차례
サイズ　사이즈
最善　최선
財布　지갑
幸いだ　다행이다
幸いに　다행히
探す　찾다
先に　먼저
昨年　작년
昨晩　어젯밤
作品賞　작품상
昨夜　어젯밤
差し上げる　드리다
刺身　생선회
サッカー　축구
さっき　아까
雑誌　잡지
さまざまな　여러
寒い　춥다〈ㅂ変格〉
サムギョプサル　삼겹살
(留まる人に対して) さようなら　안녕히 계세요
騒ぐ　떠들다
~さん　씨
三　삼
参加する　참가하다
残念だ　아쉽다〈ㅂ変格〉
三番目　셋째
散歩　산책
散歩する　산책하다
~氏　씨
四　사
字　글씨
~時　시
試合　경기
幸せだ　행복하다
資格　자격증
しかし　하지만
~時間　시간
時間　시간
試験　시험
試験を受ける　시험을 보다
自己　자기
自己肯定感　자기 긍정감
仕事　일
事実　사실
辞書　사전
自信　자신감
静かだ　조용하다
自体　자체
従う　따르다
自宅　댁
親しい　친하다
七　칠
実際に　실제로, 사실
実践する　실천하다
湿度　습도
室内　실내
実は　사실은
質問する　질문하다
実力　실력
自転車　자전거
品物　물건
支払う　계산하다
しばらく　잠시만, 한참
閉まる　닫히다
締め切り日　마감일
閉める　닫다
じゃ　그럼
写真　사진
ジャズ　재즈
社長　사장님
邪魔する　방해하다

～週　주

十　십, 열

修学旅行　수학여행

習慣　습관

従事する　종사하다

就職する　취직하다

渋滞する　길이 막히다

週末　주말

重要だ　중요하다

授業　수업

塾　학원

祝賀　축하

祝賀する　축하하다

祝祭　축제

宿題　숙제

出張　출장

趣味　취미

～種類　가지

瞬間　순간

準備　준비

賞　상

紹介　소개

紹介する　소개하다

乗客　승객

上級　상급

少々　잠시만

生じる　생기다

使用する　사용하다

小説　소설

小説本　소설책

食当たり　배탈

職員　직원

職業　직업

食事　식사

食事する　식사하다

食堂　식당

植物園　식물원

しょっちゅう　자주

ショッピング　쇼핑

ショッピングする　쇼핑하다

処方箋　처방전

知らない　모르다〈르変格〉, 모르겠다

資料　자료

知る　알다

白　흰색

白い　하얗다〈ㅎ変格〉

白色　흰색

新大久保〈地名〉　신오쿠보

新学期　신학기

新幹線　신칸센

新宿〈地名〉　신주쿠

信じる　믿다

人生　삶

親戚　친척

親切に　친절하게

新鮮だ　신선하다

身長　키

振動　진동

新年　새해

新年の挨拶　세배

心配　걱정

心配する　걱정하다

新聞　신문

スーパーマーケット　슈퍼마켓

水泳　수영

推薦する　추천하다

(腹が)すいている　고프다

推理　추리

吸う　피우다

スカート　치마

姿　모습

スキー　스키

好きだ　좋아하다

過ぎる　지나다

すぐ　곧, 바로

少ない　적다

すぐに　곧, 바로

すごく　되게

少し　조금, 좀
過ごす　지내다
寿司　초밥
涼しい　선선하다
勧める　추천하다
スタッフ　직원
～ずつ　－씩
すっかり　다
素敵だ　멋있다
すでに　벌써
スパゲッティ　스파게티
スプーン　숟가락, 스푼
すべて　다
すべての　온
スポーツ　스포츠
スマートフォン　스마트폰
すみませんが　죄송한데요
住む　살다
する　하다
座る　앉다
スンドゥブチゲ　순두부찌개
背　키
セーター　스웨터
セール　세일
性格　성격
成功する　성공하다
成功的　성공적
成長　성장
成長する　자라다
世界　세계
席　자리
せっかくなら　이왕이면
説明会　설명회
節約する　아끼다
ぜひ　꼭
狭い　좁다
千　천
線　선
先月　지난달
専攻　전공
前日　전날
先週　지난주
先生　선생님
洗濯する　빨래하다
先輩　선배, 선배님
全部　다, 모두
掃除　청소
そうしましょうか　그럴까요?
そうする　그러다
そうだ　그렇다〈ㅎ変格〉
そうですか　그래요?
そうですね　글쎄요
ソウル〈地名〉　서울
ソウル駅〈駅名〉　서울역
そこ　거기
そして　그리고
注ぐ　붓다〈ㅅ変格〉
育つ　자라다
卒業　졸업
卒業する　졸업하다
卒業生　졸업생
外　밖
その　그
その都度　그때그때
その通りだ　맞다
そのとき　그때
そのように　그렇게
祖父　할아버지
祖母　할머니
空　하늘
それ　그거
それで　그래서
それでも　그래도
それなら　그렇다면
それにもかかわらず　그럼에도 불구하고
そんなに　그렇게

た

～だ　－이다
大学　대학교
大学院　대학원
大学生　대학생
大学生活　대학 생활
大学の学園祭　대학 축제
体験　체험
体験する　맛보다
(～に)対して　(－에) 대해서
大丈夫だ　괜찮다
(～に)対する　(－에) 대한
大切だ　중요하다
タイトル　제목
だいぶ　꽤
大変だ　힘들다
題目　제목
太陽の光　햇볕
倒れる　쓰러지다
(値段が)高い　비싸다
(背が) 高い　크다
高い　높다
たくさん　많이
たくさんの　많은
タクシー　택시
宅配　택배
出す　내다
助ける　돕다〈ㅂ変格〉
～たち　－들
発つ　떠나다
立つ　서다
経つ　되다, 지나다
タッカルビ　닭갈비
達成　달성
達成する　달성하다
たった今　방금
たっぷり　푹
建てる　짓다〈ㅅ変格〉
立てる　세우다
楽しい　즐겁다〈ㅂ変格〉, 재미있다
楽しみだ　기대가 되다, 기대되다
楽しむ　즐기다
タバコ　담배
食べ物　음식
食べる　먹다
たまに　가끔
貯める　모으다
誰　누구
誰が　누가
単語　단어
誕生日　생일
ダンス　댄스
だんだん　점점
担当　담당
小さい　작다
済州島〈地名〉　제주도
地下　지하
違う　다르다〈르変格〉
近く　근처
力　힘
地球温暖化　지구 온난화
チケット　표
父　아버지
父親　아버지
千葉〈地名〉　지바
チャプチェ　잡채
中学校　중학교
中国語　중국어
中止される　취소되다
昼食　점심
朝食　아침
挑戦する　도전하다
直行　직행
ちょっと　조금, 좀
～つ　가지
(～に)ついて　(－에) 관해서, (－에) 대해서
(～に)ついての　(－에) 관한, (－에) 대한

使い方　사용법
使う　쓰다
つかむ　잡다
次　다음
付き合う　사귀다
次の　다음
着く　도착하다
尽くす　다하다
作る　만들다, 짓다〈ㅅ変格〉
つける　켜다
包む　싸다
勤める　종사하다
つなぐ　잇다〈ㅅ変格〉
つまらない　재미없다
詰まる　막히다
つもり　생각
積もる　쌓이다
梅雨　장마
梅雨時季　장마철
つらい　힘들다
手　손
テーブル　테이블
提出　제출
程度　정도
手紙　편지
〜できない　못
できない　못하다
できる　되다, 생기다
デザート　디저트
デザイン　디자인
手すり　손잡이
手伝う　돕다〈ㅂ変格〉
出てくる　나오다
テニス　테니스
では　그럼
デパート　백화점
〜ではない　(−가/이) 아니다
でも　그래도
出る　나다, 나오다
テレビ　티브이(TV)
点　점
天気　날씨
展示会　전시회
展示される　전시되다
電車　전철
伝統　전통
展望　전망
展覧会　전람회
電話　전화
電話する　전화하다
〜度　도
ドア　문
〜と言う　−라고 하다, −이라고 하다
動画　영상
動機　동기
東京〈地名〉　도쿄
東京駅〈駅名〉　도쿄역
どうして　왜
どうする　어떡하다
どうだ　어떻다〈ㅎ変格〉
到着する　도착하다
どうでしたか　어땠어요?
どうですか　어때요?
道路　도로
遠い　멀다
とき　때
ときめく　설레다
読書　독서
特に　유난히, 특히
時計　시계
どこ　어디
ところ　곳
ところで　그런데, 근데
歳　나이
年下だ　어리다
図書館　도서관
途中　도중
途中で　도중에

どちら　어디
トッポッキ　떡볶이
とても　너무, 되게, 아주, 참
隣　옆
どの　어느
どのように　어떻게
止まる　멈추다
～と申す　−라고 하다, −이라고 하다
友達　친구
土曜日　토요일
ドラマ　드라마
取り消される　취소되다
努力する　노력하다
とりわけ　유난히
取る　따다
撮る　찍다
どれ　어느 것, 어느 거
どれくらい　얼마나
東大門市場〈地名〉　동대문 시장
どんな　어떤
どんなに　아무리

な

～ない　안
ない　없다
直す　고치다
治る　낫다〈ㅅ変格〉
中〈場所〉　안
中〈候補、時間〉　중
仲　사이
長い　길다
長くなる　오래되다
なかなか　좀처럼
泣く　울다
成し遂げる　이루다
馴染む　익다
なぜ　왜
夏　여름
夏休み　여름 방학
など　등
何　무엇, 뭐
何か　무슨
何も　아무것도
何を　뭐
名前　이름
南山〈山名〉　남산
習う　배우다
並ぶ　줄 서다
なる　되다
鳴る　울리다
慣れる　익다
何（＋助数詞）　몇
何日　며칠
何の　무슨
二　이
似合う　어울리다
握る　잡다
～日　일
日曜日　일요일
二番目　둘째
日本　일본
日本語　일본어
荷物　짐
入院する　입원하다
入学　입학
人気　인기
ニンジン　당근
～人前　인분
脱ぐ　벗다
布　천
願う　기원하다
猫　고양이
値段　가격, 값
熱　열
熱心に　열심히
眠り　잠
眠りにつく　잠이 들다
寝る　자다

～年　년, 해
～年生　학년
年齢　나이
ノートパソコン　노트북
残る　남다
喉　목
のどかだ　화창하다
登る　올라가다
飲む　마시다
乗り換える　갈아타다
乗る　타다

は

歯　이
パーティー　파티
はい　네
拝　드림
入ってくる　들어오다
入る　들어오다
～泊　박
履く　신다
博物館　박물관
箸　젓가락
始まる　시작되다
始め　처음
初めて　처음, 처음으로
始める　시작하다
場所　장소
走る　달리다
外す　벗다
パソコン　컴퓨터
働く　일하다
八　팔
八十　여든
発音　발음
発表　발표
発表する　발표하다
鳩　비둘기
花　꽃
話　이야기
話す　이야기하다, 얘기하다
花束　꽃다발
花火　불꽃
花びら　꽃잎
母　어머니, 엄마
母親　어머니, 엄마
ハマる　빠지다
速い　빠르다〈르変格〉
早く　일찍, 빨리
速く　빨리
腹　배
原宿〈地名〉　하라주쿠
春　봄
春休み　봄 방학
漢拏山〈山名〉　한라산
腫れる　붓다〈ㅅ変格〉
～番　번
パン　빵
漢江〈川名〉　한강
ハングル　한글
番号　번호
韓流　한류
日　날
引き戸　미닫이
(風邪を)引く　걸리다
飛行機　비행기
ピザ　피자
久しい　오래되다
久しぶり　오래간만, 오랜만
びっくり　깜짝
びっくりする　깜짝 놀라다
引越し　이사
必要だ　필요하다
人　사람
一息　한숨
一口　한입
一つ　하나
一つの　한

一眠り　한숨
一人で　혼자
日の出　해돋이
ビビンバ　비빔밥
暇だ　한가하다
百貨店　백화점
票　표
病院　병원
ひょっとして　혹시
開かれる　열리다
昼　점심
昼飯　점심
広い　넓다
拾う　줍다〈ㅂ変格〉
ファイト　파이팅
不安だ　불안하다
増える　늘어나다
服　옷
塞がる　막히다
釜山〈地名〉　부산
富士山〈山名〉　후지산
再び　다시
二つの　두
二人で　둘이서
普段　보통, 평소
普通　보통
物価　물가
二日目　둘째 날
冬　겨울
冬休み　겨울 방학
降る　내리다, 오다
震える　떨리다
プルコギ　불고기
プレゼント　선물
プレゼントする　선물하다
～分　분
雰囲気　분위기
文化　문화
文法　문법
平和　평화
下手だ　못하다
別に　별로
別々に　따로따로
部屋　방
変化　변화
勉強　공부
勉強する　공부하다
返事　답장
編集　편집
返信　답장
ベンチ　벤치
便利だ　편리하다
ボート　보트
妨害する　방해하다
帽子　모자
包装する　포장하다
豊富だ　풍성하다
補償　보상
ホットドッグ　핫도그
～ほど　－쯤
本　책
本格的　본격적
弘大〈地名〉　홍대
本当　정말
本当に　정말, 참
本人　본인

ま

～枚　장
毎年　매년
毎日　매일
前〈時間〉　전
前〈場所〉　앞
交わる　어울리다
マスク　마스크
また　또, 다시
まだ　아직
街　거리

待つ　기다리다
末　말
祭り　축제
窓　창문
マナーモード　진동
真夏　한여름
マラソン　마라톤
万　만
漫画　만화
真ん中　한가운데
見える　보이다
磨きあげる　갈고닦다
短い　짧다
水　물
湖　호수
店　가게
見せる　보이다
道　길
道端　길가
三日目　셋째 날
三つの　세
見つめる　바라보다
見て回る　둘러보다
皆　모두, 다
皆さん　여러분
見なす　삼다
ミニ　미니
身につく　몸에 익다
見晴らし　전망
苗字　성
未来　미래
未来大学　미라이대학교
魅力　매력
見る　보다
民間療法　민간요법
無条件　무조건
無条件に　무조건
難しい　어렵다〈ㅂ変格〉
目　눈
メール　메일
姪　조카
メガネ　안경
召し上がる　드시다
目立つ　눈에 띄다
メッセージ　메시지
メニュー　메뉴
もう　벌써
申し訳なく思う　미안해하다
毛布　담요
目標　목표
もちろん　물론
もちろんです　그럼요
持つ　가지다, 들다
もっと　더
もっとも　가장
もの　것, 거
ものは　건
もらう　받다
門　문
問題　문제

や

野球　야구
焼く　굽다
約　한
約束　약속
夜景　야경
易しい　쉽다〈ㅂ変格〉
安い　싸다
休む　쉬다
やはり　역시
山　산
やむ　그치다
有益だ　유익하다
夕方　저녁
夕食　저녁
夕飯　저녁
郵便局　우체국

有名だ　유명하다
遊覧船　유람선
雪　눈
ゆず茶　유자차
ゆっくり　천천히
夢　꿈
良い　좋다
用事　일
曜日　요일
よかった　다행이다
良かったですね　잘됐네요
よく　잘
(試験が) よくできる　잘 보다
横　옆
横浜〈地名〉　요코하마
予習する　예습하다
四つの　네
予定　예정
世の中　세상
呼ぶ　부르다〈르変格〉
読む　읽다
予約　예약
予約する　예약하다
寄る　따르다

ら

ラーメン　라면
来月　다음 달
来週　다음 주
来年　내년
ラッピングする　포장하다
留学　유학
量　양
料理　요리, 음식
旅行　여행
旅行する　여행하다
冷麺　냉면
歴史　역사
列　줄
列車　열차
レベル　레벨
レポート　리포트
連休　연휴
連絡　연락
六　육
六月　유월
路上ライブ　거리 공연

わ

若い　젊다
若者　젊은 사람
我が家　우리 집
分からない　모르다〈르変格〉, 모르겠다
分かる　알다
わくわくする　설레다
私　저, 나
私が　제가, 내가
私たち　우리, 우리들
私の　제, 내
私は　저는, 나는, 전, 난
笑う　웃다
ワンピース　원피스

著者紹介

金　庚芬（きむ　きょんぶん）
明星大学教育学部教育学科教授

丁　仁京（ちょん　いんぎょん）
佐賀女子短期大学地域みらい学科教授

チンチャ！チョアヘヨ!!韓国語２

検印廃止

© 2018年1月30日　初版発行
2024年1月30日　改訂初版発行

著　者　金 庚 芬
丁 仁 京

発行者　小川　洋一郎

発行所　株式会社　朝 日 出 版 社
101-0065 東京都千代田区西神田３－３－５
電話（03）3239-0271・72（直通）
振替口座　東京　00140-2-46008
http://www.asahipress.com/
組版／明昌堂　印刷／図書印刷

乱丁，落丁本はお取り替えいたします
ISBN978-4-255-55714-4 C1087